新装版

大学教員を目指す若者へ

―幸せな教員／研究生活を送るために―

桜井 良

はじめに

「学者・研究者」は子供たちに人気の職業だ。小学生男子が将来就きたい職業として「学者・研究者」は常に上位にランクインしている。毎年、行われている小学生へのアンケートにおいて、年によってはサッカー選手や野球選手を抜き「学者・研究者」が1位になることもある[1]。中学生や高校生の男子にとっても「学者／大学教授」は就きたい職業のトップ10に毎年選ばれるほど人気だ。学者といった場合、職業としては大学教員（教授、准教授、助教など）に当たることが多いだろう。それだけ子供（特に男子）にとって「学者・研究者」が、スポーツ選手に負けないくらい魅力的な職業と思われているということだ。近年は女子生徒の中でも「学者・研究者」が就きたい職業として意識されるようになっており、女子高校生を対象としたアンケートにおいても「学者・研究者」がトップ10位以内にランクインしている[2]。

私自身、幼い頃より大学教員（教授／准教授）になることを夢見てきた。ただ世の中にはサッカーや野球に関する子供向けの本や雑誌はあるが、学者・研究者という職業について青年向けに書かれた本は限られている。また研究の進め方や論文の書き方を指南する参考書は存在するが、「大学教員になる方法」を示した本はほとんど存在しない。そんな本があれば、私も大いに参考にしたかった。

私自身が大学教員になってからは、若手研究者や指導している学生から「大学教員になりたいが、どうすればなれるのか」と相談されることも増えた。また、そもそも大学教員が毎日何をしているのか、一般的にあまり知られていないように感じる。学者・研究者・大学教員になることに興味がある若者に向けて、この職業について、その魅力や可能性を本音で伝えたいと思ったことが、これがこの本を書こうと思ったきっかけだ。

もう一つのきっかけは、大学教員になって、実際に学生指導をする中で、これまで言われていた一般的な学者のイメージと実際の大学教員の実情にずれがあることに気づいたことである。大学教員、学者、教授／准教授とは本来どのような職業なのか、そして、どうあるべきなのか。大学教員を目指すうえで、どのような準備が必要か、何を心掛けて日々を過ごすべきか。本書はそれらへの私なりの答えを記した。

自分の仕事について文句を言う大学教員が時々いる。「大学教員は大変だ」、「忙しい」、「研究する時間がない」など。しかし、他の職業と比べ、大学教員ほど楽しく、やりがいのある仕事はないと心から思う。ただ、大学教員という職業のやりがいや素晴らしさを書くことだけがこの本のゴールではない。良いことも悪いことも含め、大学教員を目指す若者に理解してもらいたい。

研究の一環として環境教育に携わることが多いため、子供たちと接する機会も多い。そんな時、例えば中学生と話をすると、「なんで大学の先生になろうと思ったんですか？」と聞かれることがある。大学では、学

(1) 第一生命保険株式会社が２０１７年に全国の小学生１，０００人以上を対象としたアンケート調査より．
(https://www.dai-ichi-life.co.jp/company/news/pdf/2017_058.pdf)

(2) ソニー生命保険会社が２０１７年に全国の高校生８００名を対象としたアンケート調査より．
(https://www.sonylife.co.jp/company/news/29/nr_170425.html)

生から「大学の先生という職業の魅力は何ですか？やりがいは？」と聞かれることもある。生徒や学生からの、そのような質問に答えるとしたら、何をどのように伝えたら良いか。若者（生徒、学生）に語りかけることをイメージしながら本書を書いた。

本書は第一部と第二部から構成されている。第一部は、「大学教員を目指す　編」だ。私が大学教員を目指すきっかけとなったこと、大学教員を目指すうえで役に立ったこと、参考になったアドバイスなどを紹介する。そして、どうすれば大学教員になれるのか、具体的に書いた。留学や様々な研究者との共同研究などが、大学教員になるうえでとても良い経験になったことも書いた。第一部の最後は、私がした就職活動（つまり大学のポストへの応募）についてだ。いくつの大学に応募書類を出したか。いくつの大学で面接まで進めたのか。今働いている大学に就職できた理由は何だったのか。採用する側は、今思えば、何を見ていたのか。選考を通過するうえで候補者に求められることは何か。率直に書いた。論文はどのくらい書く必要があるのか。学会はどのくらい出るべきなのか。学会ではどのようにふるまうべきか。大学教授を目指し、就職活動をしている、また今後就職活動をする全ての方に参考になれば幸いである。

第二部は「大学教員になったその後　編」だ。当然、大学教員になることがゴールではなく、その後に大学教員としてどのようなキャリアを歩むかが重要である。大学教員とはどのような職業なのか。毎日どのようなことをしているのか、一日の具体的なタイムスケジュールなどを書いた。また現在進行形で直面している課題について、そしてそれらを踏まえ、本来大学教員とはどうあるべきなのか。良い大学教員になるためには、何に気を付けたら良いのかを書いた。大学教授／准教授は、学者・研究者であると同時に、教員である。

つまり、良い大学教授／准教授とは良き研究者であり、そして良き教育者・指導者であるべきだ。ではそのために、日々どのような努力が必要なのか。良い大学教員になるためには、大学が現在置かれている状況についても理解する必要がある。将来日本の大学はどうなっていくのか、どうあるべきなのか、そこから見える大学教員のあるべき姿を示した。また最終章として、新型コロナウィルスの感染拡大によって大学教育がどのように変わったか、コロナ禍及びコロナ禍後の大学教員の在り方について考えてみた。

この本は、大学教員を目指す、また大学教授／准教授という職業に興味がある（主に）若者をイメージして書いている。大学の学部生や院生だけでなく、高校生、中学生、そして小学生も、この職業に興味があれば読んでほしい。そのために、できるだけ簡単で分かりやすく、親しみのある、くだけた文章を書くことを心掛けた。具体的な大学教員としての生活や仕事内容に関心があれば、第二部から読んでもらえれば十分だが、そもそもなぜ大学教員を目指すのかといった、第一部の内容も重要だと思う。

今、日本では科学立国の危機が叫ばれている。研究者を目指す人は減り、世界における日本の研究力も低下する一方だ。日本から世界に向けて投稿・発表される論文数は減少している。多くの優秀な研究者を輩出する科学立国としての日本を再生させるためには、まずは研究者に興味を持つ若者を増やし、彼ら彼女らに、研究者になるための道しるべを示す必要がある。この本を手にとる若者が、一人でも多く「研究者・大学教員」という職業に関心を持ってもらえれば幸いである。

Contents

Contents

第一部

〝大学教員を目指す〟編

Part1 1章

きっかけ：幼い頃に見た映画
「主人公はなぜこんなにも楽しそうに生きているのか？」

小さい頃に好きだった映画を二つあげるなら「インディージョーンズ」と「ジュラシックパーク」だ。これらの映画に共通していることがいくつかある。まず主人公が好きなことを仕事にしていて、人生を自由に生き、楽しんでいる（ように見える）ことである。遊んでいる少年のように目を輝かせて仕事をしている。二つ目の共通点は、彼ら主人公の職業が大学教授ということだ。「インディージョーンズ」の主人公であるジョーンズ博士は考古学を専門とする大学教授で、「ジュラシックパーク」の主人公グラント博士のモデルとなったのはモンタナ州立大学などで教鞭をとったジャック・ホーナー博士である。

今この映画を見返してみると、彼らが良い大学教員だったのかは分からない。例えば、インディー

小さい頃に見た映画は、
案外その後の人生に影響を与えることもある。

ジョーンズ「最後の聖戦」では、ジョーンズ博士が出張（研究）ばかりでろくに学生指導をしていないためか、学生や事務員がクレームを言いに、博士の研究室に押しかけてくる場面がある。

ただ研究者として大事なことをこれらの主人公は体現している。自分が好きなことに対して半端でない情熱を持っており、いい歳をして、周りを見失うほど夢中になってしまっているということだ。ジョーンズ博士もグラント博士も、この分野・領域においては、「世界の誰にも負けない」という自信やプライドを持っているように見える。大学教員＝研究者を目指すうえで、これは重要で不可欠だろう。まずは好きなこと（研究対象）があり、それは「小さい頃にだけ好きだったこと」とは異なり、大人になっても、時には周りに白い目で見られても、どうしようもなく好き、ということだ。それが研究になるのだ。

研究に終わりはない。地道な作業も多い。それでも楽しんで、飽きもせず、追及できること。そのくらい情熱を持っている、あるいは好きなものがあるかどうか。大学教員になるうえでこれが大事だ。両博士は、どんな困難な状況でも生き生きとしており、好きなことに対しては子供のように純粋だが、だからこそ魅力的で、その生き方が多くの人の心をつかむのだろう。そんな生き方を可能とする（もしかしたら唯一の）職業が大学教員だと思う。

Part1 2章

中学生の時に見た新聞記事に登場したオオカミ博士「大学教授はこんなにも自由な発想をしていいのか？」

私は小さい頃から野生動物が好きだったので、動物に関わる仕事をするためには例えば牧場主、動物園、そして研究者などがあるだろうと何となく思っていた。ただ大学教員という職業を自分の将来のキャリアとして初めて本気で意識したのは、中学生の時だったと思う。父親が会社から帰ってきて、一つの新聞記事を私に見せてくれた。タイトルは「甦（よみがえ）れオオカミ日本にも」。ある大学の教授が執筆した記事だ。日本にかつてニホンオオカミが生息していたこと、それが乱獲や生息地の破壊などで１９００年代初めに絶滅したことは知っていた。記事でこの教授は、日本でオオカミが絶滅したことで、シカがその後急増し、生態系のバランスが崩れたこと、そして米国ではオオカミの重要性が認められ、一度絶滅したオオカミを他の国から再導入したことを説明したうえで、「最終的には日本にもオオカミを再導入するべきだ」、と主張していた。「再び日本の野山で野生のオオカミを見ることができるかもしれない」。そう思うと当時の私はワクワクした。

私の研究分野の一つが野生動物と人間との共存なので、野生動物管理／生態系管理の分野において、オオカミなどの捕食動物を生態系に再導入することの意義（それによって期待されるシカなど他の動物の数の抑制や生物多様性の増加など）が国内外（特に海外）で、研究者によって活発に議論されていることは今では分かる。ただ当時、中学2年生の私は、「絶滅した動物を人間の手で復活（再導入）させよう」というアイデアに驚いたし、そんなことを自由に発想し、発言できる大学教授という職業に憧れた。何より、好きなこと（オオカミ）をとことん極めれば、それ自体を研究・仕事にできるということ、そしてそれを可能とする大学教員という職業に魅力を感じた。今でも、この記事を初めて見た日のことをよく覚えている。何年経っても、感動的な経験は色あせないものだし、今の自分の仕事への原動力となっているのだと感じる。

一つの新聞記事が自分の人生を変えることもある!?

Part1 3章

大学時代：飲み会、サークル、そしてフィールド調査

私が通っていた高校の校舎は自然が豊富だった。野生のタヌキが生息していて、当時高校生の私は自由研究でタヌキの研究をすることができた。それはそれで楽しかったのだが、将来に大きな影響を与えた経験はその後の大学生活かもしれない。大学に入り、キャンパスライフを楽しもうと、（当時の？）王道ともいえるテニスサークルに入った。ただ、他の多くのテニスサークルがそうだったように、実際はテニスというより飲み会が多かった記憶がある。そして、お酒が好きではなかったため、飲み会をあまり楽しめなかった。周りの学生は飲み会を楽しんでいるように見えたので、なぜ自分だけ楽しめないのだろうかと当時は不思議に思った。同時に、自分は他人とは趣味も志向も違うということを知るいいきっかけとなった。当然、一人一人、性格も好みも違うので、飲み会が好きな人もいれば嫌いな人もいるという、ただそれだけのことなのだが。

今思えば、「他人が楽しんでいることを自分は楽しめなかった」という経験は、逆に自分が本当に好きなものは何か、改めて気づかせてくれる必要不可欠な出来事だった。もし自分が飲み会を楽しめていて、キャンパスライフを満喫できていたらどうだっただろうか。その後も、何も疑問に思わず大学生活を過ごし、周りの多くがするように一般企業への就職をしていたかもしれない。本当に好きなことに気づかず、または自分が本当にやりたいことを封印し、自分にあっていない職業を選び、惰性で生きていくとしたら、満足のいく人生が歩めるだろうか。

大学の最初の二年間はキャンパスライフにあまり馴染めなかったが、そのおかげで、思う存分、本当にやりたかった野生動物の調査ボランティアに没頭するようになっていった。無人島でのシカの調査、絶滅が心配されるツシマヤマネコの調査ボランティア、ツキノワグマの保全に関するボランティアなど。こういったボランティアに参加し、現場で活躍する本物の研究者や大学の先生と活動を共にして、たくさんの動物に関する、また研究に関する話を聞かせてもらったことが、その後の人生に大きな影響を与えた。同時に、研究者や大学の先生を実際に間近で見たことで、研究を職業とするためには相当の覚悟と情熱が必要だということもこの時に分かったのだが、それについてはこの後の5章で書きたい。

コラム1

大学教員を目指す若者へ

オリジナルチェックリスト　初級者編（小学生、中学生対象）

以下の10の項目について、当てはまる項目にチェック☑を入れてください。

1. 大好きでたまらないこと、
   時を忘れて熱中してしまうことがある □
2. 大好きなことについて、
   学校の誰よりも自分が詳しい自信がある □
3. 本を読むのがわりと好きだ □
4. 大好きなテーマの本ならずっと読んでいられる □
5. 文章を書くことがわりと好きだ □
6. 自分の好きなことをとことん追求したい □
7. 一人でコツコツ何かをすることが結構好きだ □
8. 自分が知っていることを人に話したり、
   教えたりすることがわりと好きだ □
9. 好きなテーマならずっと勉強していられる □
10. なりたい職業の一つが学者や研究者だ □

結果はどうでしたか？
10項目の内、7個以上に☑が入った人は大学教員に向いている。

大学教員に必要なスキルや特性は他にもたくさんあります。オリジナルチェックリスト中級者編（コラム2）[31ページ]も試してみてください。

Part1 4章

大学の学部3年生から入ったゼミ：自由に研究することの大切さ

大学では一般的に3年生からゼミ（研究室）に入り、研究をして、4年生の最後に卒業論文を提出する。私も3年生の時に社会学を専門とする、学部で最も入りたかったゼミに入ることができた。これも大きな転機になったと思う。一人一人、自分がやりたいテーマの研究を自由に、主体的に、のびのびとできるこのゼミのやり方が自分に合っていた。やりたかった野生動物に関する研究を思う存分できるようになり、大学3年生からキャンパスライフが楽しくなった。「好きで調べてきたことや活動してきたことがそのまま研究になる」、「やりたい研究を自由にやっていい」と感じることができたし、そういう環境を用意してくれたゼミの指導教官に今でも本当に感謝している。同時に、人と違うことに興味を持っていた自分を受け入れてくれたゼミの同期の仲間にも感謝している。大学3、4年で思う存分やりたい研究をして（ツキノワグマの保全活動、オオカミの再導入に関する海外視察など）、卒業論文にまとめたことは大切な経験になった。

学生として大学で経験したことは全て「自分が考える、あるべき大学教授の姿」を形づくるために必要なものだったと思う。今、大学教員として、私のゼミで毎年20人程度の学生（学部3、4年生）を指導している。その中には、「大学に入ってからの最初の2年間を楽しめなかった」、「全く馴染めなかった」という学生も毎年何人かいる。そんな学生もゼミに入り、自分のやりたい研究を始めることで、途端に生き生きとした表情になり、輝きだす。そういう事例をたくさん見てきた。私も同じような経験をしたからこそ、今は大学教員としてそういった学生を積極的に支援したいと思っている。ある意味、ゼミ／研究室こそが、学生が（学術的な意味で）自由に輝ける、大学生活で一番重要な場所だと思っている。

もちろん、サークル、部活動、バイトなど、幅広く楽しんだうえで、ゼミの生活も楽しめれば、言うことはない。ただ、そうではない学生にもちゃんと輝ける場所が用意されている。そんな環境を私は提供したいと思う。そのために、ゼミでは学生ができるだけ自由に、のびのびと研究に取り組めるような、居心地の良い環境を作ることを心掛けている。

ちなみに「特定の指導教員のもとで学び論文を書く学生及び院生によって構成されるグループ／コミュニティ」という点において、ゼミも研究室も同じ意味である。学部3、4年生が所属するゼミのことを「研究室」と呼ぶ教員もいるが、一方で、大学院生（修士課程・博士課程）が所属する研究室のことを「ゼミ」と呼ぶ教員はあまり見たことがない。本書も大学院生をイメージしている時は「研究室」と、学部3、4年生をイメージしている時は「ゼミ」または「ゼミ／研究室」と書いた。

Part1 5章

数々の野生動物調査に参加して抱いた危機感

大学の1年生の終わりから積極的に野生動物に関する全国のボランティア・調査活動に参加するようになって、学んだこと／気づいたことは、「好き」なだけでは職業にはできない、ということだ。様々な調査活動に参加させてもらって楽しかったが、同時に危機感を抱いた。例えば、とある島で行われていたシカに関する調査では、著名な大学の大学院で博士号を取ったにもかかわらず、その後、就職先がなく、バイトをしながらなんとか食いつないで研究を続けている方と出会った。そのような人と出会い、話す中で、研究者として、研究を職業として、給料をもらいながら生きていける人は一握りであることがよく分かった。また、山奥の小屋で寝泊まりをしながら調査活動をしたことは楽しかったが、寝ているとネズミやムカデがでてくることはよくある。まさに、いろいろな生物との共同生活だ。それら全てを楽しんでいる周りのボランティア（学生など）や研究者を見て、自分にはどんな環境でも調査に没頭できるほどの熱意があるのだろうかと不安に思った。

同じ志を持つ他の人と自分を比べることで、自分の覚悟やモチベーションに不安を覚えてしまうこと、更に自信を失ってしまうことは、その後のボランティア活動でもよくあった。クマの保護に関わるボランティア活動に参加した時には、有害捕獲（例えば農業被害をおこして捕獲）されたクマがその後、殺処分されてしまったという説明を受け、思わず涙を流している周りのスタッフやボランティアの姿を見た。動物は好きだが、私はここまで他人の目をはばからずに涙を流せるほど動物に感情移入ができるか、いや、できないだろうと思った。

　別のボランティアで、離島で野生動物調査をする機会があった。その島の自然環境の美しさに感動し、そこで働く職員の姿にも憧れを持った。一方で、野生動物保全のために一生、都会から離れた島で生活をする覚悟があるかと考えると、私にはちょっと難しいと感じた。

　様々な調査活動に参加して、周りには私よりももっと野生動物が大好きな人がたくさんいることを知った。更に、研究者を目指している人はたくさんいること、そして優秀であるにもかかわらず、定職に就けない研究者がたくさんいることもこの時によく分かった。もらえる給料は少ない中で、研究を続けている人をたくさん見て、**「自分は今のままでは、絶対に研究で食べていけるようにはなれない」、「研究者は狭き門だ」、「大学の教員になることなど夢のまた夢、叶わぬ夢だ」**と大きな危機感を持った。

　調査活動を通して、様々な大学の先生や研究者と話す

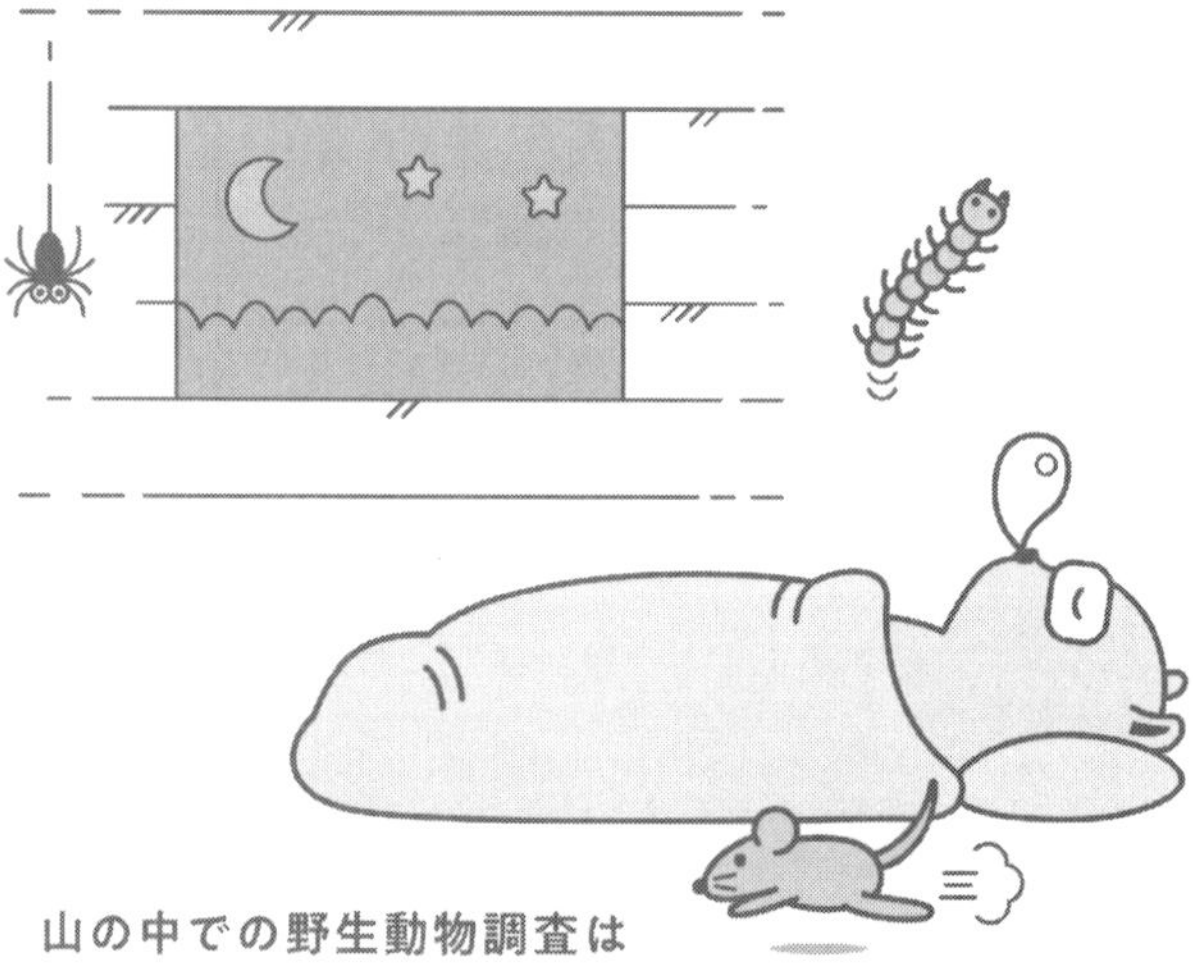

山の中での野生動物調査は
様々な生物との共存生活でもある。

中で、学んだこともある。それは、研究者になるためには人と違うこと、つまりオリジナリティが求められるということだ。人がやっていない研究をしたり、新しいテーマを開拓したり、他人ができない研究スキルを持っていることなどが研究者には求められる。逆に、人と同じことをしていても、これまで行われてきた研究をただ繰り返すだけでは、研究者としての強みとなる新規性やオリジナリティに欠ける。そんな研究者を教授／准教授として雇ってくれる大学は少ないだろう。

当時感じた「このままでは自分は絶対に研究者になれない、大学教授など夢のまた夢」という思い、危機感は、その後、大学院に進学してからもずっと感じ、むしろ強くなっていった。この危機感は、大学教員のポストを目指すうえで大きなモチベーションにもなった。この後にも書くように、狭き門であるからこそ、どうすれば大学教員になれるかを日々考えるようになっていった。

Part1 6章

留学することの意義

大学教員＝教授／准教授になるためには、その分野で一番になる必要がある。人と違うスキルを身につける必要があり、人と違う分野を開拓する必要がある。調査活動に参加し、研究者や大学の先生と話す中で分かったことだ。では、まず何をしたら良いか。当時の自分が考えた結論は、**「大学教授を目指すなら、その分野が最も進んでいる国に留学しなければならない。つまり学位（修士号、博士号）は海外で取るしかない」**、ということだ。大学教授／准教授を目指す研究者はたくさんいること、更に情熱を持った優秀な若手はたくさんいることはよく分かったので、狭き門を目指すうえで、結局のところ他の候補者との競争になる。その競争に勝ち抜くためには、人が持っていないスキルを身につけ、人が積んでいない経験を積むことが不可欠だ。そのために日本という枠組みを超え、世界で最もその分野が進んでいる最先端の大学院に行く必要があると感じた。

私が研究したいと考えていたテーマ「野生動物との共存、野生動物保全」は、まず野生動物の生態などを理解しなければ議論できないため、一般的に理系の学問であると考えられてきた。ただ私は高校の早い段階で、文系の道を選び、大学も文系の学部（法学部政治学科）に進学していた。自分にしかできないアプローチがあるとすれば、それは文系、つまり社会科学の手法から野生動物との共存の在り方を研究するということだと思った。そして、この研究が盛んに行われていたのがアメリカだった。文系／社会科学系のアプローチで野生動物との共存の在り方を研究する分野はアメリカではHuman Dimensions of Wildlife Management（野生動物管理における社会的側面＝ヒューマンディメンション）と呼ばれ、1970年代より発展し、2000年代には新しい学問として定着していた。この分野について専門的に学べるのは、日本でも他のどの国でもなく、当時はアメリカだけだった。この学問やスキルをしっかり身につけ、ヒューマンディメンション研究の第一人者となり日本に帰ってくる、ということが自分の目標になった。

もう一つ、興味があったことが、アメリカにおけるオオカミ再導入の事例だった。アメリカでは、牛や羊などの家畜を守るといった名目でオオカミを大量に駆除し、1970年代には多くの州でオオカミが姿を消した。しかし、それに伴い、かつてはオオカミに捕食され、生態系の中で生息数がある程度コントロールされていたシカ類の数が爆発的に増えるなど、オオカミがいないことによる多くの弊害が確認されるようになった。科学者による研究の蓄積により、健全な生態系を復元するためには、生態系の頂点に位置するオオカミが不可欠であることが明らかになり、オオカミを人の手で復活させる／放つ試みがアメリカを中心に行われるようになった。最も有名な例が、アメリカのイエローストーン国立公園におけるオオカミの再導入だろう。一度絶滅したオオカミを復活させることで、健全な生態系を再生させようとする壮大な実験で、1995年にオオカミがカナダから運ばれ、野に放たれた。その後の研究で、オオカミが復活したことが生態系に与える様々な効果が確認されるようになってきている。

日本でもいつの日か、一度絶滅したオオカミを再導入することは可能だろうか？中学生の時にオオカミ博士の記事を読み、抱いた疑問や期待を、私はその後もずっと持ち続けていた。そもそもアメリカではどのようにオオカミの再導入が行われたのだろうか。反対する市民や研究者はいなかったのだろうか。オオカミ再導入を実現させるために、どのような研究が行われてきたのか、また現在行われているのか。その答えを探るためには、アメリカに留学するしかないと思った。

Part1 7章

奨学金と大学院受験

留学するうえで、まず考えるべきことの一つがお金のやりくりだろう。特にアメリカの大学は、留学生（アメリカ国籍を持っていない学生）の学費が高く設定されていることが多く、生活費もそれなりにかかる。「留学したかったがお金の問題で断念した」と話す学生は多いが、まずは応募できそうな奨学金を探してみるなど、自分で努力する必要があるだろう。アメリカの大学院に留学する場合、奨学金として有名なものは例えばフルブライト奨学金やロータリー財団国際親善奨学金がある。ロータリー財団の奨学金について当時（大学3年生）の私に教えてくれたのは、大学のゼミの友人の二人であった。その友人はとても意識が高く、行動力があり、二人ともその後、やはり海外の大学院で学位をとり、現在はアメリカを拠点に国際的に活躍している。夢を追いかけるうえで、いい意味で刺激しあえる友人がいることが大切だが、今思えば大学のゼミは自分にとっては、そのような仲間がたくさんいる恵まれた環境であった。

ロータリー財団の国際親善奨学生に応募し、当時住んでいた埼玉県のロータリー支部で書類審査、面接などを経て、念願であった奨学金を頂けることになった。ロータリー財団埼玉県支部には、実際に渡航するまでの期間、留学に向けたオリエンテーションを開いてもらったり、たくさんのサポートをしてもらった。また、アメリカのフロリダ大学に留学してからは、今度は現地フロリダ州のロータリー支部の方々に、新生活を始めるうえでの多くの支援をしてもらった。留学先で、自分の新たな生活をサポートしてくれる人がいたことは、留学生活をスムーズに始めるうえで本当に有難いことであった。

奨学金は決まったが、なかなか決まらなかったのが、留学する大学院であった。オオカミ再導入について学ぶとなると、アメリカのイエローストーン国立公園の近くにある大学院がよさそうだ。モンタナ州立大学、モンタナ大学、アイダホ大学などの大学院が候補になると考えた。そこで、まずはこれらの大学院でオオカミに関連する研究をしていた教授にメールをした。当時は気づかなかったが、今思えば、自分のやってきたことを踏まえたうえで、留学する大学院・研究室を選ぶべきであった。これらの大学院の教授らにコンタクトをとったことは少し的外れであったような気がする。なぜか。

まずオオカミの生態など、野生動物の生態学を専門とする研究室に、学部で法律や政治学の勉強をしてきた（生態学の勉強をしてこなかった）学生が進学しようとしていたことが的外れだったかもしれない。今、大学教員の立場になって考えてみると、生態学を専門とする教授にとって、関連する勉強をしてこなかった大学院生を受け入れることはきっと不安の方が大きかっただろうと推察できる。一から生態学について勉強して2年間でちゃんと修士論文が書けるのか？フィールドでちゃんと調査ができるのか？そもそも生態学の研究についてこの学生はどのくらい理解しているのか？

またこの時に連絡をとった教授・研究室は、よくよく調べてみると異分野の勉強をしてきた学生や海外（特にアジア圏）からの留学生をあまり受け入れていなかったようだ。そのような教授に対して、（オオカミがすでに生息していない）日本から「アメリカのオオカミについて研究をしたい」とコンタクトをとってきても、お門違いと思われて当然だ。結果、これらの大学院は教授からメールの返事がくることはなく、また大学院進学のための資料を送っても不合格という結果になった。大学院に行くということがどういうことなのか、当時の自分は理解が足りていなかった。今なら分かるが、大学院生を受け入れるということは、指導教官からすれば、その院生にしっかり研究をしてもらい、修士論文・博士論文を完成してもらわなければならないので、重い責任が伴うのだ。学生の熱意・モチベーションだけでは簡単に受け入れることはできないだろう。ただ、最初に思いついた大学院に合格できなかったことは、自分がするべき研究、行くべき研究室について再考するための良い機会も与えてくれた。「好きだから」、「興味があるから」といった理由だけで大学院進学や研究室を決めると、その後、本人も、そして受け入れた教員も大変な思いをするだろう。修士論文・博士論文を書き上げるためには、膨大な時間と労力が必要であり「好き」なだけでは超えられない壁に直面することもあるだろう。だからこそ、自分がこれまで勉強してきたこと、やってきたことを踏まえ、自分のバックグラウンドに則した指導教官を現実的に見定める必要がある。

最初は自分が好きな動物「オオカミ」について学べそうな大学院を探してしまっていたが、ここで改めて前章(6章)で書いた通り、自分が本来学びたかった学問分野が野生動物保全のための社会科学アプローチ＝ヒューマンディメンションであることを意識して、この分野を専門としている教授や研究室を探すことにした。そうすると候補となる大学は結構あることに気づき、教授にメールを送ると返事をもらえることが増えた。その中でも、フロリダ大学に研究業績も豊富で、なおかつ様々な国で研究をしてきたヒューマンディメンションの専門家がいることを大学のホームページから見つけることができた。更に、その教授の研究室には世界中から大学院生が集まっていた。教授にメールをしたらすぐに返事をもらい、国際電話でより詳しく、これまでやってきた研究や今後したい研究について話すことになった。この先生が後に私の大学院修士課程・博士課程の指導教官となるジャコブソン・スーザン教授である。

ところで留学生がアメリカの大学院を受験する際には、英語力を証明するためにＴＯＥＦＬやＧＲＥなどの試験を受け、点数を提出する必要があることが多い。分野にもよるかもしれないが、私が受験した際には、ほとんどの大学院でＧＲＥの点数を提出する必要があった。ＴＯＥＦＬは努力した分だけ点数が伸びる感覚があったが、ＧＲＥは（少なくとも当時は）普段使わないような多少マニアックな英単語が多々出題され、点数を上げることが難しかった。大学院が要求するＧＲＥの点数をクリアすることは大変だったが、一方で後から分かったことだが、教授がその学生を受け入れたいと思えば、多少ＧＲＥの点数が足りなくても大学院に合格できることもあるようだ。

フロリダ大学大学院への受験をするうえで、まずジャコブソン教授と電話で話すことになったが、今思えば、これは英語力や研究への熱意を見るための面接に近いものだった。教授も指導するうえで、まずはどんな学生なのか事前に知りたいだろう。相手の顔が見えない電話での会話は緊張するものだ。想定される質問と答えを事前に用意し、国際電話に臨んだことを覚えている。

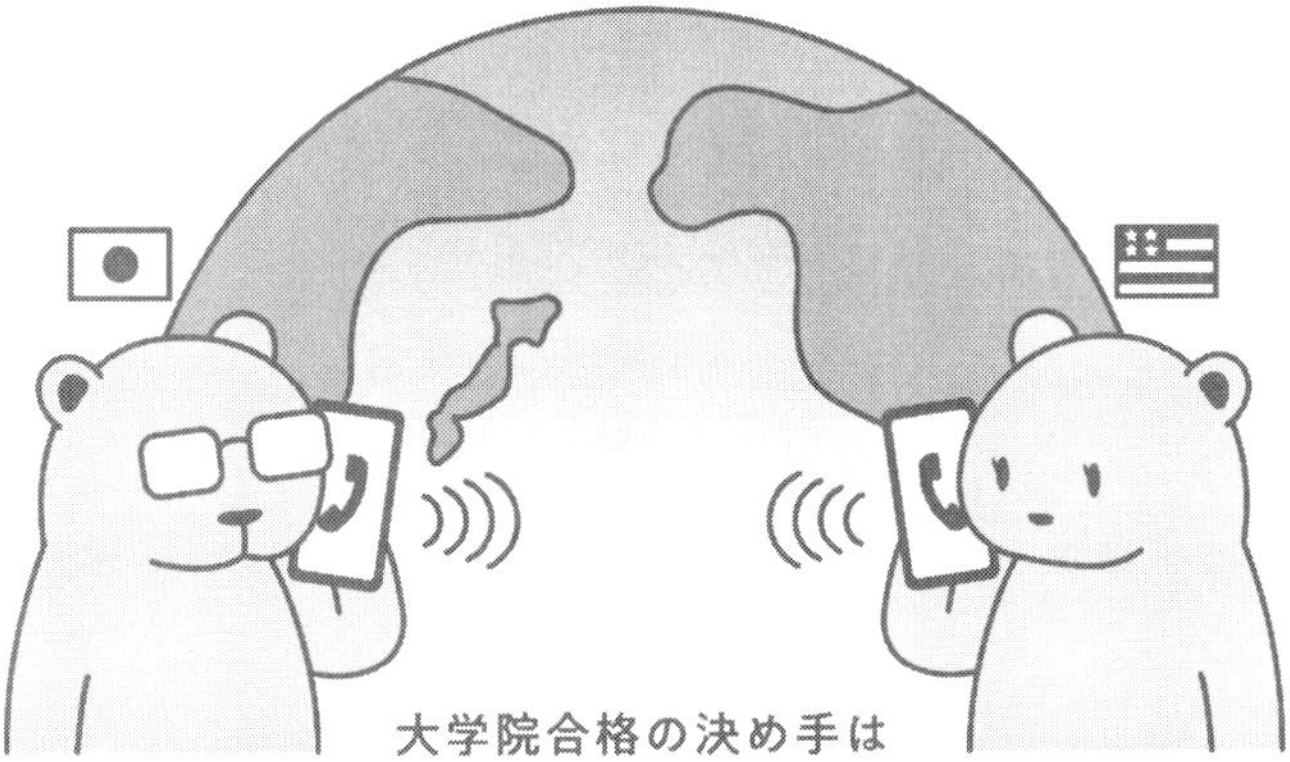

大学院合格の決め手は
教授との国際電話だったかもしれない。

英語が通じなかったり、相手の英語が聞き取れなかったらどうしようかという不安はあったが、ジャコブソン教授と実際に話してみて、それらの不安は吹き飛んだ。とても分かりやすい英語で話してくれ、何の心配もなく意思疎通をすることができたからだ。後から知ったが、ジャコブソン教授の専門の一つがコミュニケーションで、彼女はどんな相手にも分かりやすい言葉で話し、意思疎通をはかることにたけた、いわば「コミュニケーションのプロ」であった。電話の後、フロリダ大学大学院を受験するために申請書類を提出し、無事フロリダ大学大学院自然資源・環境学科の修士課程に合格することができた。こうして留学生活が始まった。

コラム2

大学教員を目指す若者へ

オリジナルチェックリスト　中級者編（高校生、大学生対象）

以下の10の項目について、当てはまる項目にチェック☑を入れてください。

1. 自分が好きな／得意な分野やテーマがあり、今後も勉強を続けたいと思う □
2. 好きな分野／テーマならどれだけ本や論文を読んでも苦ではない □
3. 興味があるテーマについて自分の力で研究をしてみたい □
4. 自分の考えていることをレポートや論文にまとめることがわりと好きだ □
5. 自分が興味ある内容や調べてきたことを人前で発表することがわりと好きだ □
6. 人にものを教えることがわりと好きだ □
7. 人がやっていないことにチャレンジすることにわくわくする □
8. 一人で考え、物事を進めていくことがわりと好きだ □
9. 大学教授として働いている自分の姿がイメージできる □
10. 部屋にこもってコツコツと勉強することが苦ではない □

結果はどうでしたか？

10項目の内、7個以上に☑が入った人は是非自分なりに研究を始めてみてください。興味がある分野の研究をしている大学院生に話を聞いてみたり、大学の先生の研究室を訪ねてみてもいいでしょう。興味がある分野の学会に一度参加してみて、研究者の発表を聞いてみてもいいかもしれません。

8章 留学時代

２００７年9月から2年間、フロリダ大学大学院の修士課程に、更に２００９年9月から3年間ほど同大学院の博士課程に在籍していたので、合計5年間ほどの大学院生活であった。博士課程の最後の一年間は、調査のため日本にいたので、実質フロリダで生活をしていたのは4年程度であった。研究テーマは野生動物との共存についてで、日本を事例にしていたので、調査地も日本であった。そのため、大学院の授業がない夏の期間（5月～8月）は、毎年日本でフィールド調査をしていた。そう考えるとフロリダで生活をしていた4年間も、一年の1／3程度は日本にいたかもしれない。

留学中は、日本ではできないような経験（楽しいこと、悲しいこと、ショックだったこと、驚いたことなど）をたくさんしたが、この本はあくまで「大学教員を目指す」ための指南書であるので、それに関連することに絞って書く。

8・1 日本の大学と大きく異なるアメリカの授業スタイル

留学して最初の学期、つまりアメリカの大学院での初めての日々は、毎日ジェットコースターに乗っているような気分だった。日本では全く経験したことのない、スリリングな日々だった。ジェットコースターのような、とは、まず最高に楽しかったということだ。アメリカの大学院で授業を受けて、それまで自分が考えていた大学の授業のイメージが180度変わった。日本の大学（学部）で受けた授業の印象は

(1) 教員（例えば教授／准教授）が一方的に話し、学生はひたすらノートをとる（または居眠りをする）授業が（特に大人数の授業では）多い、

(2) 教員の言うことは絶対で、学生がそれに対して異を唱える／違う意見を発言するということはほとんどない、

(3) 教員は基本的には自分の専門・興味があることを話している印象で、学生が何を考え、何を感じ、何を期待しているかなんて教授にとってはどうでもいい（少なくともそのように見えた）

というものだった。何百人の生徒が受ける大講義の授業では、教員が講義をしていても（例えば、自分が書いた本をひたすら読んでいる先生もいたが）、真剣に話を聞いている学生はごく一部（下手すると数人）ということもよくあった。何より授業をしている教授自身がつまらなそうに見えた。毎年同じ話をしているから、自分でも飽きてしまったのだろうか。

ところがアメリカの大学院はどうだろう。少人数の授業が多かったということもあるが、教員は情熱をもって一人一人の学生に話しかけるように、授業をしていた。授業は基本的に生徒との話し合い・対話で進む。実際、教員は授業中にたくさんの質問を学生に投げかけ、それに対して、学生も当然のことのように自分が思っている考え・意見を堂々と教員に披露する。講義というより教員と学生との議論／ディスカッションのよう

な授業が大半だった。

　ここ最近日本では、教員が一方的に話す講義形式ではなく、学生が考えを発表したり、学生同士で議論し、考えを深めるいわゆるアクティブ・ラーニングと呼ばれる授業が推奨されるようになってきた。学生が積極的・主体的に授業に参加する形式の方が、学生の学びや満足度も大きいため、教育効果も高くなる。アクティブ・ラーニングは、ここ最近やっと日本でも注目されるようになってきたが、アメリカの大学院では、私が留学した当時から（そしてそれよりずっと前から）、当然のことのように学生と教員との対等な議論により、学生の主体的な参加を促す授業が行われていたのだ。教員の熱量は学生にも伝わり、学生はより一層集中して授業を聞くようになり、教員と学生との白熱した議論が行われる。スライドや講義資料だけでなく、映像を見せたり、ゲストスピーカーを呼んだり、また学生が特定の役割を演じるロールプレイング型授業が行われたりと、学生を飽きさせないための工夫が随所に用意されていた。私自身毎回の授業が楽しかった。

　ジェットコースターみたいというのは楽しいだけでなく、スリリングだということでもある。教員からいつ何を質問されるか分からないという緊張感が常にあったので、学生としては当然一時も気を緩めることができず、常に教員の話や投げかけに全身全霊、集中している必要があった。教室の後ろの方に座っていたとしても、突然教員から指名されたりする。一方的な講義に慣れてしまった学生（例えば大教室の授業ばかり受けてきた日本の学生）には、このような授業はつらいだろう。講義形式の授業に慣れてしまった学生が対話形式の参加型授業で良いパフォーマンスを出すためには、自分が変わるしかない。

　いわば超特急で議論が進むアメリカの大学院の授業において、必死に食らいついてゆかなければ、「いつ授業から脱落してしまうか分からない」という恐怖が常にあった。ジェットコースターに乗っている時、振り落とされないように、レバーにしがみつくような感じで、全神経を使って、教員や学生が話す言葉の一つ一つを追う必要があった。

私の場合、日本の大学（学部）で学び、修士課程からアメリカの大学院で英語で授業を受けることになったので、言語の問題も当然あった。それと同等か、それ以上に、学部で勉強してきた文系（法律学、政治学）の授業から、突然、生態学など理系の授業を受けることになったことも私にとって大きなハードルとなった。海外の大学院で学位を取ることは、誰にとっても多かれ少なかれチャレンジになるはずだ。正直、最初はアメリカの大学院の授業についてゆけていなかったような気がする。教員に突然質問されても、おそらく的外れな答えを言っていたと思う。宿題やレポートでも、教員が期待する内容を書けていなかった、またはそもそも問題の意味を理解していなかったこともあっただろう。当時、フロリダ大学大学院自然資源・環境学部に入学した日本人は私が初めてだったようで、当然周りに日本人もおらず、またアジアからの留学生も限られていた。野生動物の生態学に関する授業では、学生の大半は地元の院生、つまりアメリカ人で、留学生自体少なかった。そのような環境だからこそ、教員とコミュニケーションをとることが重要になってくる。ハードルは高いが、授業で何とか良いパフォーマンスを出すためには、そして何よりも、しっかりと単位を取るためには、教員と綿密にコミュニケーションをとる必要がある。少しでも分からないことがあったら、また自分の理解度に不安を覚えたら、直接教員の研究室を訪ね相談する行動力が必要になる。幸い、アメリカの大学院の先生はみな、本当に面倒見がよかった。研究室を訪問すればいつでも温かく迎え入れてくれ、質問や相談に丁寧に答えてくれた。留学当初、最初は授業についてゆけていなかったが、教員とコミュニケーションをとることで、次第に教授が求めているような回答をレポートで書くことができ、また授業で質問されても、内容に則した答えができるようになっていったような気がする。

アメリカの大学院に留学して良かったことの一つが、一つの国（日本）のみで授業を受けていては経験することができなかった異なる授業方法や新しい教授法を学び、更にあるべき大学教員の姿勢を知ることができたことだ。学部・大学院と、基本的に講義形式の授業ばかり受けてきた人は、自身が大学教員になってもやはり講義形式の授業しかできないかもしれない。「アクティブ・ラーニング形式の授業の方が学生の授業に対するモチベーションが上がり、学びの効果が大きい」と言われても、自身が学生の立場でアクティブ・ラーニングによる授業を受けた経験がなければ、イメージがわかないだろう。「教授／准教授は絶対的な存在で、学生は黙って教授の言うことを聞くべきだ。学生が教員の意見に異を唱えたり、対等に議論をするなどあってはならない」。そのような考え方の教員をたくさん見てきた人は、自身が大学教員になっても、積極的に学生とコミュニケーションをとろうとは、また学生の考えを聞こうとは思わないかもしれない。教員は学生より偉く、一方的に学生に教える存在だと考えている人は、例えば自分自身の授業についていけない、または内容を理解できていない学生がいたとしても、それは「学生が悪い」、「学生の責任だ」と考えてしまうのではないだろうか。しかしこのような考えを持っていると、自分の授業をより良いものに改善しようという考えすら持たないだろう。昨今、日本でもグローバル化が進み、国立・私立大学関係なく、多くの大学で留学生を積極的に受け入れるようになり、キャンパスで、または授業で留学生を目にすることは普通になってきた。文化や母国語が異なる留学生であれば、なおさらコミュニケーションが大事になってくる。学びの多い効果的な授業をするために、学生が主体的・積極的に学べるような工夫が必要だ。大学教員と学生との綿密なコミュニケーションは、学生にとっては学びを深めるために、教員にとってはより良い授業をするために不可欠だ。これらのことを身をもって体験できたアメリカの大学院は、私にとって、「学生が楽しみながら、主体的に集中できる授業」の最高の見本となった。

ところで留学して最初の年は、私はイタリア人とアルゼンチン人のルームメートとアパートに住んでいた。ラテン系の彼らとのルームシェアは最高に楽しかったが、彼らにとっては毎週のようにパーティーを開くことが普通のことのようで、私が定期試験前だろうとお構いなしに、家で盛大にパーティーを開いていた。試験前はさすがに勘弁してほしいと思ったが、自分の部屋にこもって大音量の音楽が流れる中、勉強していた記憶がある。

留学中はいろいろなことが起こるが、大事なことは、ゴールを見失わないことだろう。大学教員になるというゴールが常にあったので、やるべきことはいつも明確だった。

8・2 お金のこと

留学前も留学中も常に気になるのがお金のことだろう。幸いロータリー財団の奨学金で一年目は学費や生活費の大半を賄えたが、アメリカでは修士課程は最低でも二年間かかる。卒業まで順調にいっても、もう一年残っている。

ただアメリカの大学院では様々な奨学金に応募できる機会が用意されていた。チャンスをものにすれば、お金の負担を最低限に抑えることが可能である点も、アメリカの大学院の優れていたところだと思う。フロリダ大学では留学生を対象に、一定以上の成績を収めれば、学費の一部が免除されるという制度があった。この制度のおかげで1学期の成績を踏まえ、2学期は授業料の一部が免除された。また大学内で10万円程度の奨学金が度々募集されており、片っ端から応募し、いくつかの奨学金を得ることができた。

アメリカの大学院で充実しているのは、大学院生を対象にしたTeaching Assistant（教育補助員）やGraduate Assistant（大学院補助員）制度で、これらに採用されれば、毎月給料をもらえるようになる。フロリダ大学の修士課程で勉学・研究を続ける中で、博士課程では新たな環境に身を置きたいという思いが募り、コーネル大学、ジョージア大学、ミシシッピー州立大学などの大学院への受験を具体的に検討した。ただ結局、フロリダ大学大学院で継続して博士課程に進学することにした。フロリダ大学の環境（例：大学の設備、雰囲気、指導教員）を気に入っていたこともあるが、博士課程に進学するならば私のことをGraduate Assistantとして雇ってくれると、当時の研究科長が約束してくれたことが大きな要因になった。これにより、大学院博士課程在籍中は毎月給料が支払われ、それにより生活費のほとんどをカバーでき、また学費も一部免除されることになった。Teaching Assistantの場合は、大学教員に代わって講義をしたり、授業で学生のサポートをするなど、実際に何らかの作業をすることが多いが、私が所属していた研究科のGraduate Assistantは、その仕事内容は主に「自身の研究を進めること」であった。つまり、自分の研究を着実に進め、成果を出していれば、継続して給料がもらえ、そのためGraduate Assistantは大変恵まれた制度であった。

奨学金やAssistant制度などはあるので、それらに積極的に応募し、チャレンジすることが重要だろう。努力した分だけ認められる環境がアメリカの大学院には整っていた気がする。後の研究者人生においても、お金、つまり研究費をどのように調達し、確保するかは死活問題である。科学研究費助成事業（通称「科研費」：

文部科学省及び日本学術振興会による事業）や民間の助成金など様々な競争的資金が存在するので、結局のところ、それらにどう積極的に応募し、自身で研究費を獲得していくかが重要になってくる。そういった意味でも、研究者として生きていくうえで大切なマインド・姿勢をアメリカの大学院生時代に学べた。

8・3　人付き合いのこと

大学院時代において重要なことの一つが誰と・どんな仲間と付き合うかということだろう。海外における大学院生活であればなおさら、人付き合いが自分の学業へのパフォーマンスに影響を与えうると思っている。結論から言うと、大学教員になるという同じ志を持つ仲間＝大学院生や若手研究員とたくさん交流し、お互い切磋琢磨できるような環境を持つことが理想的だと思う。フロリダ大学大学院の研究室に入った時、周りにいたのは大半が自分より一回り年配の大学院生であった。アメリカでは社会人経験をしてから大学院に入り直す人が多い。実際、同じ研究室にいた大学院生は、中学校の教師を10年ほどしてから大学院に入り直した人や、会社で数年働いてから大学院に入学した人など、多様な職歴を持っていた。日本でもそのような大学院生も増えてきており、社会人ドクターと言われたりしている。

アメリカでは先輩・後輩といった縦の序列のようなものはほとんどなく、一回り年上の大学院生とも対等に研究について相談したり議論させてもらえた。「対等に」といっても、彼ら彼女らの方が経験豊富で、人生の先輩なので、キャリアのこと、研究への姿勢など、いろいろと教えてもらいながら、大学院生活を歩むことができた。

大学院生においてなぜ人付き合いが、特に誰と多くの時間を過ごすかが大事なのか。それは、どうしても楽な方へ逃げてしまうことが多かれ少なかれあるからだ。海外の大学院生活において楽な道とは、日本人といつも一緒に過ごすことだろう。慣れない異国の地での生活は、結構孤独なもので、言語の問題もあり、そのような時に、同じ境遇にいる日本人の仲間と一緒にいると気持ちが落ち着くし、何の屈託もなく楽だ。ただ大学院の授業や研究以外の時間を日本人と過ごすと、英語が上達しないかもしれないし、同じ志を持つ大学院の仲間（他の院生など）と過ごす時間も減る。周りの大学院生と情報交換をし、助け合う時間が減ると、研究や授業からも取り残される可能性もある。悪循環になっていくような気がするのだ。要はバランスが大事だ。時には日本人と一緒に、リラックスした時間を過ごすこともとても重要だが、大学院に来た理由、留学した理由を忘れずに、挑戦する心を常に持ち続けることが、有意義な大学院生活を過ごすために重要だと思う。

Part1 9章

アメリカの大学院で学んだ指導教官のあるべき姿

9・1 日本の「師匠・お弟子さん関係」に抱く違和感

日本では自分が指導を受けた教授／指導教官のことを「師匠」と呼んだりする。また日本では、例えば学会で「～先生の研究室に所属しています」と自己紹介をすると、相手の研究者が「～先生のお弟子さんですか」と答えたりする場面をよく見る。この言葉が私にはどうもしっくりこない。おそらくここに、日本とアメリカにおける大学教育や指導教官と学生との関係性について、根本的な考え方・文化の違いがあるように感じる。「師匠」、「お弟子さん」という言葉には、「絶対的な存在・立場の人間［師匠］が知識も経験もない人［弟子］に一方的に何かを教える」、というニュアンスが込められているように感じる。つまり、大学院生は「お弟子さん」として「師匠」である指導教官のもと修行を積み、一人前になることを目指す、という考えだ。この考えに従うと、大学教員（例：教授／准教授）は一方的に教え、教員が言ったことに学生は従わなければならない、という思考回路になりそうだ。いかにも日本の古き（良き？）大学教育の考え方のように感じてしまう。

この言葉に違和感を覚えるのは、私は大学、特に大学院における教授／准教授（指導教官）と学生（大学院生）との関係はそんなに単純な、一方通行なものではないと思うからだ。まず大学院生がいつも経験・知識のない未熟な存在かというと、先ほど書いたように、アメリカの大学院は社会人経験を積んでから大学院に入り直す院生も多く、指導教官より大学院生の方が年上というケースもある。社会人ドクターは社会に関する経験や知識を少なからず積んでから大学院に来るわけで、（ある意味大学教員よりも？）立派な社会人だ。大学教員は研究・学問という狭い世界においてのみ、大学院生よりも経験や知識があるのだ。

そもそも研究の世界は「師匠」、「弟子」という単純な関係で成り立っているのだろうか。研究者にとって最も大事な仕事の一つが論文を書き、学術雑誌に投稿し、掲載・出版を目指すことである。論文を投稿すると通常複数名の匿名の審査者（一般的に「査読者」という）が、論文の内容や質を評価する。多くの場合、査読者は投稿者に対して多少の書き直しを命じ、投稿者はそれに従い修正し、再度投稿し、査読者はその修正論文を再度評価することになる。この作業を繰り返し、複数回の修正を経て、最終的に査読者から了承が出た論文のみ、晴れて学術雑誌に掲載されることになる。これが一般的な「査読」のプロセスである。研究者の業績として最も重要になってくるものの一つが、この査読付き論文（つまり査読を通過し無事、学会誌に受理された論文）の数だ。

投稿された論文は通常名前が伏せられた状態で、査読者から審査を受ける。つまり普通、誰が書いた論文かは分からない状態で、純粋に論文の良し悪しのみで審査されるのだ。どんなに地位や名声のある有名教授でも、駆け出しの若手研究者でも、また大学院生であっても、論文は全て同じ「査読」というプロセスで評価されるのである。レベルの高い国際学術雑誌（有名なものは例えば*Science*や*Nature*）であればあるほど、査読も厳しく、論文が受理される可能性は低くなる。時々「この研究は*Science*に論文が掲載されるのと同じくらい価値がある」とか「この取り組みは*Nature*に論文が載るのに匹敵するくらい価値がある」といったコメントをする研究者がいるが、そんな研究や取り組みが実際に*Science*や*Nature*に掲載されたかどうかを見てほしい。日本国内の研究や取り組みが*Science*や*Nature*に掲載されることは、非常に稀だ。日本国内ではどんなに有名な教授（師匠？）であっても、レベルの高い国際誌には論文がなかなか受理されない（評価されない）というのが研究の世界だ。*Science*や*Nature*とは言わずとも、レベルの高い国際誌かどうかを測る一つの目安がインパクトファクター（Impact Factor）である。インパクトファクターとは、自然科学・社会科学分野の学術雑誌を対象に、その雑誌の影響度や引用された頻度を測る指標である。インパクトファクターが高い国際誌は、他の多くの研究者が引用する論文が多々掲載されており、学術的にも国際的にも影響力のある雑誌といえる。教授の業績、つまり研究者としての実力を知りたければ、インパクトファクターが高い国際誌にどのくらい継続して論文を掲載してきたか、更に第一著者の（自身の名が著者名リストの最初にある＝自身が中心となって研究をして論文執筆をした）論文がどのくらいあるかを見てほしい。［インパクトファクターのみから、その雑誌の良し悪しを判断することにも問題はあるが、一つの目安にはなるだろう。］

「自分は、業績は十分にあるのでこれ以上論文を書く必要はない」と話す大学教授が時々いるが、これは論文を継続して書けていないことへの言い訳のように感じる。研究者である限り、科学に貢献する義務があり、論文執筆や学会での研究発表こそが重要な責務だ。論文は、それを書いた人の地位や身分によって評価されるのではなく、はたまた著者の経験値や知識の量が評価されるわけでもない。科学に貢献する結果を得られたかどうかという純粋な学術的な価値のみにおいて、論文は評価されるものだ。だからこそ、研究者は、より良い論文が書けるように、また科学の世界に貢献できるように、日々努力し続けなければならない。論文を書くことをあきらめてしまった大学教員は研究者と言えるのだろうか。

論文が定期的に国内外の学術誌に受理・掲載されるようになると、学会誌の審査者（査読者）になってほしいと依頼されることが増える。国際誌の場合、研究者の業績（論文の量と質）のみを見て査読者の依頼がきたりするので、年齢や地位は関係ないことも多い。つまり、有名な大学教授が投稿した論文を若手の研究者が審査するということも（その若手研究者がしっかり業績を残していれば）ある。大学院生でも実力があり、良い論文を書ければ、著名な国際誌に掲載されるし、逆にどんなに有名な大学教授であっても、論文の質が悪ければ掲載はされない。これが科学の世界なのだ。

「師匠」、「弟子」の話に戻そう。最初こそ、指導教官は研究の進め方、論文の書き方、助成金の応募の仕方などを大学院生に手取り足取り教える必要があるかもしれない。しかし、研究の進め方などを一通り理解したら、大学院生は自立して研究を進めていくことになるだろうし、そうあるべきだ。指導教官は大学院生が自ら研究を進めていけるような指導をすべきだろう。

私はアメリカの大学院で勉強していたが、研究テーマは日本における野生動物管理であり、例えば日本の文化や生活、人々の考え方については、アメリカの教授陣よりも自分の方が詳しい。私は日本人だし、ずっと日本で生活してきたので当然のことだ。社会的に意義のある研究でなおかつ、学術的に価値のある研究をするためには、研究手法については指導教官から教えてもらいながらも、日本人である私が日本の現状を踏まえ、日本における政策提言につながるような研究をアメリカの教員と一緒に考えていくことが重要になってくる。大学院生が行う研究は多かれ少なかれ、指導教官と大学院生による協働作業＝共同研究になるものだ。

今、大学教員になり、私は海外からの大学院生を受け持つことが多いが、例えばインドネシアの大学院生の研究について、私からは研究手法、データの取り方、分析の仕方、論文の書き方については指導ができるかもしれない。ただ、インドネシアの調査地（例えば一つの集落）における人々の暮らし、生業、文化についいて、私は全く分からないので、大学院生から必要な情報をもらいながら、一緒になって研究の在り方や進め方を考えることになる。その調査地、社会、文化について彼ら／彼女ら（大学院生）から教えてもらいながら、同時に彼ら／彼女らが研究を通して成し遂げたい目標なども理解したうえで、一緒に悩み考え、共同研究をすることになる。私と彼ら／彼女ら（インドネシアからの大学院生）との関係性を「師匠」、「弟子」の枠組みに当てはめることはかなり違和感があるのだ。私にとって大学院生は研究のパートナー＝共同研究者である。

9・2 良き指導教官≒メンター

アメリカのフロリダ大学大学院の修士課程及び博士課程を通して、ジャコブソン・スーザン教授という女性の先生が私の指導教官だった。アメリカでは、教授も学生もそれぞれ下の名前で呼び合うのが一般的で、私は最初こそジャコブソン教授と呼んでいたが、教授より「呼び方はスーザンで構わない」と言ってもらい、その後はずっと「スーザン」と呼ばせてもらっている。

スーザンは私にとって、研究の仕方などを教えてもらったという意味において「師匠」であり私が「弟子」だった、ともいえるが、この言葉が適切だとはどうも思えない。私にとってスーザンの存在を一言で表す言葉は「メンター」だ。スーザンは私にとって「良きメンター」だったというのが一番しっくりくる。

メンターとは「職業という世界において、仕事上の秘訣を教え、コーチし、役割（ロール）モデルとなり、重要な人物への紹介役を果たすなど、受け手（メンティー）のキャリア発達を援助する存在」(1)などと定義されている。別の定義では、メンターとは「支援マインドを持ち、メンティーの内発的モチベーション（強制や押し付けではなく、自分からやりたいという動機）を高め、課題（目標）の達成や問題の解決に到達できるよう随所において支援する人」(2)とある。欧米の大学では教員は学生にとって良きメンターである必要があるとの考えが浸透していたが、日本ではメンターという言葉自体、特に大学ではあまり聞かないし、メンターの意味もあまり理解されていないかもしれない。

アメリカの大学では教員、研究員向けの「良きメンターになるために」というセミナーがよく開催されており、また学生向けの「良きメンターを見つけるために」というセミナーもよく開かれていた。アメリカでは大学院生が自分の指導教官のことをmy mentorと呼んでいることが多かった。メンターと師匠は異なる特徴を持つと私は感じる。そして「師匠」、「弟子」の関係が暗黙の了解のように定着している一部の日本の大学教員にとっては、メンターの考え方は一見理解されがたいものなのかもしれない。

良きメンターに求められることは、
①価値の押し付けではなく、ともに成長する姿勢、
そして②相手のニーズや立場などを理解し、それに対応すること
と言われている(3)。初めてスーザンと対面で会った時（つまり大学院の最初の日）に、スーザンはまず私が何を目指しているのか、何を成し遂げたいのかを聞き、私の夢や希望を理解したうえで、一緒になって研究の進め方や大学院での過ごし方について考えてくれた。当時、私は大学の学部を卒業したばかりで、大学院の

生活についても研究の在り方についても理解していなかったが、そのような経験も知識もない私の意見にスーザンはまずはじっくり耳を傾けてくれた。

その後も、スーザンとは頻繁に打ち合わせをし、濃密なコミュニケーションをとりながら、研究の準備をしていったわけだが、常に私の希望やニーズなどを聞いたうえで、それに基づき学術的な観点から、また時に人生の先輩として指導してくれた。メンター文化が浸透しているアメリカでは、これは普通のことなのかもしれないが、日本に帰国し、改めて日本の大学の現状を見て、メンターの姿勢が、学生・院生がモチベーションを高く持ち、勉学・研究を行ううえで、いかに貴重で重要なのかに気づかされた。

例えば大学院生や若手の研究員が学会で発表した際に、その後の質疑応答やコメントで、自分の価値観を押し付けてくるような大学教授や年配の研究者を目にすることが日本では時々ある。科学の世界では、どのような分野においても、多様な研究アプローチや分析手法が存在し、一概に「この手法の方が常に優れている」とは言えないのではないだろうか。「この研究をするならば、Aの手法が他のどんな手法より常に優れている」と言えるほど科学の世界は単純では無い。例えば、社会調査では、定量的アプローチ（「市民の75％が賛成」などと数字を使って解析をするアプローチ［例：アンケート調査］）や定性的アプローチ（数字で表せない質的なデータを獲得するアプローチ［例：聞き取り調査］）などの研究アプローチが存在するが、それぞれの手法に長所と短所がある。意義のある研究をするためには、それぞれの手法の特徴を理解し、調査環境などに応じて使い分けることが重要で、時には両方の手法を併用することで新たな発見ができたり、ある現象についてより深く理解できたりする。それぞれの手法の特徴や使い方などは、いわば社会調査に関する教科書の最初の章に書いてあることだったりする。にもかかわらず、学会などで「この手法・アプローチは無意味、価値がない」などと言ったりする先生・研究者がいることがある。そして多くの場合、大学教員（教授／准教授）が大学院生に、年配の研究者が若手に対してこういうことを言っている。つまり、大学教授・年配の研究者であれば若者（大学院生）に対して言いたいことを言って良い、一方的な考え方を押し付けてもいい、と思っている人が残念ながら一定数いるのかもしれない。一方的に自分の考え方や知識を押し付けようとする先生には、「相手の意見に耳を傾け、ニーズを理解し、それに対応する」というメンターの精神や「若者と共に成長する」などという考えは全く存在しないだろう。

言われたほうからすると、極端な考え方であったり一方的な価値観の押し付けであることとくらいは、いくら経験の浅い大学院生でも分かるだろう。「このコメントは自分の研究の趣旨から外れており、ちょっと参考にはならない」と感じてしまうかもしれない。先生も何かを伝えたくてコメントをしたにもかかわらず、相手の気持ちを全く組み入れず放った言葉は、全く相手に響かないので、発表者も先生もお互い「分かりあえなかった」という気持ちだけが残るものだ。なんとも残念で、もったいない。

良きメンターに求められるその他の要素を見ていこう。

③相手を思いやり、未来志向的な態度で接すること、

そして④自分の限界を知って、他者に援助を求める謙虚さを持つこと(4)である。

私が大学院に在学中、スーザンは常に、私のことを気遣ってくれ、それは慣れない異国の地で生活を始めた一留学生である私に対する思いやりからくるものであると感じた。日本から、とある大学の先生がフロリ

ダ大学に訪れた際には、スーザンは一所懸命その日本人の先生に私のことを宣伝してくれ、私が「今後日本に帰国し、研究する際に少しでもサポートしてほしい」とお願いまでしてくれた。スーザンには、まさに「他者に援助を求める謙虚さと思いやり」があったのだ。

日本で1980年代に行われたアンケートによると、回答した当時の中学校教員の過半数が「体罰（教員による生徒への暴行）は必要」と答えており[5]、かつては教育という名のもと体罰が正当な罰則手段と認識されていたことが分かる。今になっても、残念ながら学校や部活動における教員による生徒への暴行事件が時々発生している。

そして日本の大学では、いまだに大学教授による学生・大学院生への「言葉の体罰」が残念ながら存在しているようだ[6][7]。それはハラスメントという言葉の方が近いかもしれない。アカデミックハラスメントがその例だろう。なぜ日本の大学、研究の世界では、依然としてハラスメントで訴えられる教員が後を絶たないのだろうか。私には、それは一部の大学教員や研究者において、いまだに「大学教員は絶対的な存在（悪い意味での『師匠』）で学生・大学院生は一方的に教員の話を聞き、従えば良い」、といった考え方が根強く存在しているからだと思えてしまう。「教授／准教授は常に偉い存在で、何か問題が起こったとしたらそれは学生に原因がある。」そのような考え方が大学で定着してしまっているのであれば、たとえ教員が間違いを犯したとしても学生はそのことを指摘することもできず、たとえ理不尽な理由で一方的に学生が叱責されたとしても「あの有名教授に言われたのだから私が悪い」と学生は泣き寝入りするしかないかもしれない。そもそも大学教員とは本来どういう存在で、教授／准教授と学生・大学院生との関係は本来どうあるべきなのだろうか。大学教員が絶対的な存在であるという悪い意味での「師匠」、「弟子」の考え方や文化が、日本の大学において教員による学生へのハラスメントが起きてしまう潜在的な要因になっていないだろうか。メンターという考え方が大学教育において、特に大学教員側の意識においてしっかり定着していれば、教員による学生への言葉の暴力などのハラスメントは、ほとんど起きないのではないだろうか。

私の場合、大学院の指導教官であるスーザンがまさに「メンター」そのものであったので、今、自分が学生指導をするうえスーザンの姿勢や指導方法がまさにロールモデルとなっている。まず教員が学生や大学院生と議論しながら、彼ら彼女らのニーズや考えていることを理解するように努める。そして教員と院生が一緒になってより良い研究の在り方を考え、実行に移す。大学院生もある程度研究の進め方を理解したら、その後は、指導教官と院生は「師匠」／「弟子」という上下の関係ではなく、良い研究を一緒になって目指し、実践してゆくパートナーのような存在になるのではないか。そのような環境でこそ、学生や大学院生は自立して学習・研究を進めるようになり、やがて一人前の人間・研究者に育っていくのではないだろうか。

スーザンには、私の研究が間違った方向に進んでいた時には、また私が優先順位の低いことをやろうとした時には、厳しく指摘をしてもらった。一方で基本的にはいつも温かく、研究以外にも私の留学生活についても常に気にかけてくれていた。週末にはスーザンは研究室の他の大学院生とともに、大学の近くの自然公園にハイキングに連れて行ってくれたり、海でカヤッキングをしたり、少し研究を離れ、リフレッシュできる機会をたくさん与えてくれた。そういう意味では、スーザンは私にとってアメリカ生活における親のような存在でもあった。大学教授／准教授の役割がただ、研究や学問について、学生や院生に一方的に教え、論文を提出するなど特定の条件を満たしたら、その学生に学位を与えるというだけのことであるならば、それはただの「先生」、あるいは「師匠」かもしれない。ただ、本当にその学生の幸せを願い、より良いキャリアや人生を歩めるようにあるべき方向に導き、支援していくことができれば、その指導教員は学生にとって先生からまさに「メンター」のような存在になるのではないだろうか。

(1) 渡辺三枝子・平田史昭．２０２０．メンタリング入門．日本経済新聞社．東京．19ページより．
(2) 大野雅之．２０１３．メンターズガイドＶｅｒ．04．統合共育研究所．神奈川．１ページより．
(3) 同右：４ページより．
(4) 渡辺三枝子・平田史昭．２０２０．メンタリング入門．日本経済新聞社．80-83ページより．
(5) Nichi Bei Times. 1987. Many Japanese teachers favor corporal punishment. (https://www.corpun.com/jpsc8711.htm)
(6) 成瀬麻夕・川畑智子．２０１６．日本の大学におけるハラスメント関連資料から見えた特徴―テキスト分析を用いたセクシュアル・ハラスメント事例の検討―．現代社会学研究第29巻 43-61．
(7) 土屋正臣．２０１９．日本におけるアカデミック・ハラスメント研究の動向．城西現代政策研究 12（１）：55-60．

Part1
10章

とことん大学教員を目指す

10・1 自分なりに考えた大学教員になるための道

アメリカの大学院で学び、たくさんの素晴らしい指導者(メンター)と出会い、また国際的に活躍している研究者や大学院生と一緒に授業を受け、切磋琢磨する中で、ますます大学教員になりたいという思いは強くなっていった。日本とは異なる、アクティブ・ラーニング主体の、厳しくも学びの多い授業をたくさん経験したことで、自分が将来大学教員になった時にどんな授業をしたいか、より具体的にイメージできるようになった。そして、メンターこそが自分が大学教員になった時に学生に対してとるべき姿勢・態度を体現していると強く感じた。

ただそんな中で、常に「それで自分は本当に大学の先生になれるのか?」という不安があった。アメリカの大学院に在籍していたが、研究の基礎となるフィールド調査は日本でしていたので、夏休みのたびに日本に戻り、実際には学期が終わる5月くらいから新学期が始まる8月末くらいまで、4カ月ほど毎年日本でフィールド調査をしていた。当時は人間と野生動物との共存をテーマに、ツキノワグマを対象に研究をしていたので、実際に長野県や兵庫県の山村地域に住み込みながら、フィールド調査(住民への聞き取り、行政職員との現場視察、研究者との打ち合わせなど)をしていた。日本の学会にもいくつか所属し、そこで研究発表をしたり、講演会、ワークショップ、セミナーなど、研究者が集まる場に積極的に参加するようにしていた。しかし、そういう場に参加し、いろいろな研究者と知りあい、話せば話すほどに「いかに日本で大学の先生になることが難しいか」という現実を知ることになった。

学部生の時に、野生動物に関するボランティアに参加した時も、優秀な研究者でも大学のポストに就けない、また大学のポストに就いたとしても、任期付きである人を多く見かけた。そもそも、各大学に現時点ですでに教員がいるわけで、通常、その教員が辞めたり定年退職をしない限り、新たに教員のポストは生まれない。例えば「野生動物と人との共存」を研究テーマとして、大学教員になろうとしている若手研究者がいたとする。野生動物保護管理について教えている、またはこのテーマの研究室がある（つまりこれを専門とする教員がいる）大学は日本全国にどのくらいあるだろうか。各大学のホームページを見れば、そのようなテーマを専門とする教員が在籍しているかどうかはすぐに分かる。つまり、全国の大学のホームページを見れば、野生動物保護管理について専門的に学べる（従ってこれを専門とする教員がいる）大学の数がどの程度あるのか、おおよそ分かる。そして、私自身、実際に大学のホームページを検索して分かったことは、このテーマについて学べる4年制大学は、そう多くはないということだ。多くの大学にあるメジャーな学部と言えば、例えば経済学部、経営学部、法学部、文学部などだろう。これらの学部で野生動物保護管理を専門としている教員はほとんどいない。野生動物を含む自然保護に関する法律に詳しい先生が法学部にいることもあるかもしれないし、野生動物を描いた文学作品について研究している先生がまれに文学部にいるかもしれない。ただ、現場で野生動物保全をテーマとしたフィールド調査をしているような教員は、普通、法学部や文学部にはいない。そのような先生は、おそらく農学部や環境学部などを持っている大学であれば少しいるかもしれない。

例えば野生動物保全管理について専門的に教えている教員がおり、そのような研究室が存在する大学が全国に30あったとしよう。それぞれの大学には、当然すでに教員がいるので、その大学において野生動物管理をテーマとしたポストが公募されることは、通常ならば、今いる教員が定年を迎えるまではないだろう。その教員の年齢を見れば、定年まであと10年だとか20年だということも大まかに分かる。

また大学の公募の情報は、残念ながら毎回必ず公に告知されるわけではない。新しいポストに関する情報が、例えば、その大学の関係者のみに流れたり、またはすでに新たな教員が決まっている(例:定年する教授のもとで学位を取った研究者=「お弟子さん」が内定済みである)ケースも多い。つまり、自分の専門分野にに近い教員がいたり研究室があり、従って将来的にその分野の教員のポストが公募される可能性がありそうな大学が30あったとしても、そこで例えば今後5年間の間に、希望の分野で大学教員のポストが募集される、更にその募集が一般に告知される可能性はかなり限られてくる。そして運よく、とある大学において、自分の専門分野に関連する教員公募が出たとして、そのポストに何名の若手研究者が応募することになるのだろうか。これも学会やフィールド調査に参加すれば、自分と同じ専門分野の同世代の研究者がどのくらいいるか、おおよそ分かってくる。そして応募する人は自分と同世代とは限らず、全国にいるポスドク、研究員、更に任期付きの教員(助教、講師、任期付き准教授)など、多様な立場の人間が一つの公募に対して目を光らせているものだ。そう考えると応募する可能性がある研究者の数は全国に数百人(いや、もっと)いるのではないか。普通、公募が出る教員ポストは一人であることが多いので、それだけ多くの候補者が応募してくる中で、自分がその一枠に選ばれる可能性はどのくらいあるのだろうか。限りなくゼロに近いのではないか、とさえ感じてしまう。そう思うと、すでに応募する前から、そしてそのような公募がまだ出ていない時から戦意喪失してしまいそうになる。

　また日本の学会に出ると、特定の大学や学部の卒業生や関係者がグループ（派閥？）を作っているところを見かける。同じ大学の卒業生なのだから気が合うかもしれないし、仲が良いことはうらやましいが、外部の人間はどうしてもその輪には入ることができない。大学のポストに関しては、その大学の卒業生が教員に採用される、更に定年する先生の「お弟子さん」がその先生の代わりに採用される、という話もよく聞くし、実際にそのようなケースを見てきた。前述の通り、「師匠」、「弟子」の関係の中で、「師匠」の先生が一方的に価値観を押し付けて弟子を指導し、弟子はひたすら師匠の言うことに従うという構図は、大学教育の在りかたとして、また自立した研究者を育てるという意味において私は疑問に感じる。しかし、「師匠」の言うことを聞いていれば、いずれその「師匠」のポストを手に入れることができるのならば、弟子からすれば、師匠の無理難題に応じたり、我慢して従ってきたことがいずれ報われるのかもしれない。だからこそ、「師匠」、「弟子」の関係が日本では成り立つのかもしれない。

　ただ私は海外の大学院に留学し、日本の大学院を出ていない。そして大学院の指導教官という意味での「師匠」が日本にいない。日本でそれなりに地位と名誉のある特定の先生の弟子であること、また特定の研究室の出身者であることが、大学教員になるうえでは有利であるとするならば、それは私にとって絶望的な話だった。

　ただ本来はそうであってはならないだろう。つまり、大学教員のポストはオープンであり、公募情報は広く告知すべきだし、「～先生のお弟子さんだから」ではなく、本当に研究力・指導力・教育力がある人こそ、大学の先生になるべきだ。しかし、もしそれ以外の面（出身大学、指導教員の日本における地位、コネクションなど）が評価されるとしたら、果たして自分は日本で大学の先生になれるのだろうか？

10・2 「コネクションがない研究者」のための大学教員になるための戦略

海外に留学し、あまりコネクションもない私がどうしたら日本で大学教員になれるのか、フロリダ大学で大学院生をしながら、そんな不安を常に持っていた。当時（修士課程［または今でいうところの博士前期課程］2年次）の自分が考えたものが以下の「日本で大学教員になるための戦略」である。

この戦略は、日本で大学教員になるためには、特定の学問分野において一番にならなければならない、ということを大前提として、一番になるための方法を書き留めたものである。具体的には4つの問いに答える形式で戦略をまとめた。

「問1．なぜ今、一番になるための戦略を考えなければならないか？」

答え1．

修士課程から博士課程に進む大きな節目の時期で、修士課程の2年間で学んだこと／得た経験をもとに、この後の人生設計をしなければならないから。今一度、自分は何を目指しているのか、それはどうすれば実現できるのか、このままでいいのか、それとも軌道修正が必要かを考えなくてはならないから。

答え2.

大学院生として研究活動に携わるようになり、同じ分野の研究をしている同世代の研究者が他にも多くいることを知り、限られた大学教員というポストに就くためには、その分野において一番にならなければならないことを学んだから。

「問2. なぜその分野で一番の研究者にならなければ大学教員になれないか?」

答え1. 一番にならなければ、日本で大学教員になれないから

自分が今、学んでいるヒューマンディメンション(Human Dimensions of Wildlife Management)は新しくできた学問分野で、日本ではまだあまり認識されていない。従って、現時点でヒューマンディメンションを専門とする大学教員は、日本にはほとんどいないと考えられる。だからこそ、もし将来日本のどこかの大学でヒューマンディメンションまたは野生動物管理における社会的側面に関する教員ポストが公募されることがあるとすれば、その限られた職を確実に手にするためには、自分はその時、この分野において日本では一番になっていなければならないから。

答え2. その分野において一番になって初めて、自分が掲げている目標を達成できるから

大学教員になることは最終目標ではなく、むしろその後のステップに進むためのスタートラインだ。例えば、日本で将来、生態系の復元のためにオオカミなどの一度絶滅した野生動物を海外から(同種であることを前提に)再導入することが検討されるとする。その時に科学的にアドバイスができる、また研究成果を社会に還元できるような研究者になることが目標である。そのためには、その分野において一番の研究者でなければ、そのような状況で何を言っても、誰からも相手にされないだろう。

「問3．研究の世界における一番とは何か?」

答え1．

質の高い論文を誰よりも多く発表（publish）しているということが、一つの目安になるだろう。質に関しては論文が掲載された雑誌がどの程度世界的に著名なものかを、例えばインパクトファクター（雑誌の影響度：論文が引用された頻度を測る指標）を用いて測れる。ただ、経験が浅い若手研究者が最初から質の高い論文を量産することは難しいだろう。従って当面の目標は誰よりも多くの論文を発表することになる。下手な論文でもたくさん書き、発表することで、質も上達してくるだろう。逆に最初から質の高い論文を書こうとして、結局ほとんど論文を書けない、または雑誌に掲載されないといった状況は避けるべきだろう。

答え2．

メディア（新聞、ラジオ、テレビなど）、シンポジウム、書評などにおいて「この分野の第一人者である～氏」と紹介されること。例えば野生動物と人との軋轢が起きた場面で、その解消のために、あるいはその状況の理解を深めるために、行政（県、環境省等）やメディア（テレビ局、新聞）から最初に声がかかり、専門家として最初に意見を求められる、あるいは紹介される研究者は、その分野の第一人者と認識されているのだろう。

答え3．

誰よりも多くの研究資金（助成金など）を獲得していること。

「問4．どうすればその分野の一番になれるのか？」

答え1．誰よりもたくさんの数の論文を書く。

質こそ大事だが、質を高めるためには量を重ねていくことが最初のステップとなる。論文を大量生産するためには、以下のことが必要になってくる。

（1）常に同時並行で複数の研究を行う。
（2）調査・研究を行いながら常に、次の新たな研究内容を考える。
（3）常に助成金を探し、年がら年中申し込みをする。
（4）常に新たな共同研究者を探すべくアンテナを広げ、可能な限り様々な調査・研究に参加させてもらう。（参加するからにはそのプロジェクトに精いっぱい貢献する。）

答え2．研究者の仲間を増やし、コネクションを作る。

そのために必要なことは以下の通り。

（1）様々な学会に参加する。（海外の学会も重要だが、日本での就職を考えるなら、日本の学会への参加も重要であろう。）
（2）参加できそうな学会の大会スケジュールを全て確認し、大学の学会発表支援金に常に応募する。［当時はフロリダ大学の大学院生であったので、日本の学会で研究発表をすることは海外（アメリカ以外の国で）研究発表をすることを意味した。そしてアメリカの大学院には国際学会で発表する院生のための助成金制度があった。」

(3) 同じ分野の研究者は全て良い意味での知り合いになる。そのためには、(a) 他の研究者の論文を積極的に読み、興味を持った内容であれば、質問事項をまとめ直接その著者に連絡してみる、(b) 学会に参加した際には積極的に他の研究者に話しかけ、交流を深める、(c) 周りは基本的にほぼ全員年上なので、連絡をとる時や実際にお話しをする時には最大限の敬意をもって応対する。

答え3．メディアに積極的に出る。

論文を発表すること自体、学術雑誌というメディアに発表するということにもなるが、それ以外でも一般向けの雑誌にも寄稿したり、新聞の寄稿蘭に原稿を送ることも重要だろう。また、とても見やすく魅力的な個人ホームページを持っていることも重要である。世界中どこからでも、誰でもアクセスできるインターネットは最大の宣伝の場と言える。研究者には研究結果に関する説明責任が求められるからこそ、見やすく、分かりやすいホームページを持つことが不可欠である。

答え4．人と違うことをして、人の2、3倍の努力をする。

実際、日本で自分の専門と合致する大学教員のポストは一握りしかなく、そのポジションを獲得したい人はたくさんいる。他人と同じことをしていてもそのポストは手に入らない。

修士課程二年目でこの文章（戦略）を書いた理由は、「このままでは大学教員という自分が就きたい職業に就けない」という危機感が強くあったからだ。もともと、人に見せるために書いた文章ではないので、稚拙な内容や極端な考え方もあるが、今読み返すと、大学教員になるための方法・考え方として大方間違っていないように感じる。大学教員を目指すためには、「研究している分野において自身が一番の研究者になる」、というくらいの覚悟・意志が必要だろう。そして、そのためには論文は誰よりもたくさん書く必要がある。助成金もどんどん応募し、研究費を獲得してゆくといいだろう。学会にも積極的に参加し、研究発表をして、様々な研究者と知り合い、ネットワークを広げることが重要だ。

人それぞれ考え方は多様であるし、夢を実現するためにいろいろなアプローチがあっていい。ただ目標が明確でないと、また目標を実現するための手段を理解していないと、ゴールに向かって歩んでいくことが難しい。少なくとも自分にとっては、自分なりの戦略を大学院生の時に考えたこ

— RECRUIT —
✕（A大学）募集は行っておりません
✕（B大学）募集は行っておりません
✕（C大学）募集は行っておりません
日本にある大学の数…
同じ分野の研究室がある大学の数…
今後5年間でポストに空きがでる
大学の数…　応募者の数…
30/750 × 1/20 × 1/200 …

自分が大学の教員になれる確率は…　限りなく少ない…？

とで、その後の大学院生活やフィールド調査などにおいて壁にぶつかっても、自分の目標に向かって迷うことなく歩み続けることができた。

二年間のフロリダ大学大学院修士課程を終え、その後、大学院博士課程に進学した。博士課程では最初の2年間で必要な授業・講義単位を全て取り終わり、3年目からは日本に戻り、一年間にわたりフィールドで調査をすることができた（当時は栃木県をフィールドに野生動物と人間との共存をテーマとした研究をしていた）。一年間のフィールド調査を終え、アメリカ・フロリダに戻り、大学院で口頭試問などの審査会を経て、無事博士号を取得し、卒業することができた。

Part1 11章

長い研究生活の中でどのように心のメンテナンスをすべきか？

大学院に在学中は、思うように研究が進まないことや、予想していた結果が分析から得られないこともあり、修士号や博士号を取得するまでの道のりは人によっては長く険しいものになるかもしれない。大学院卒業（博士課程取得）後も、テニュア（常勤）の大学教員の仕事に就くまでは、任期付きの研究員やポスドク（ポスドクに関する詳細は12章に記載）をすることが多く、非常勤講師を掛け持ちしながら、自身の研究業績も積み重ねることは決して簡単なことではない。そのように、長く険しい若き日の研究者時代を、どのようにモチベーションを保って過ごせば良いのだろうか。

「チーム北島」や「チーム圭Ｋｅｉ」という言葉が一時期よくメディアなどに登場した。オリンピックで金メダルをとった元水泳日本代表の北島選手には、コーチ以外にも、戦略分析、肉体改造、映像分析、コンディションなど様々な専門家が帯同していたと言われ、これらのメンバーが後に「チーム北島」と呼ばれるようになった。「チーム圭Ｋｅｉ」ではテニスの錦織選手を、コーチ、フィジカルトレーナー、栄養士、スポーツ心理学者、メディア対応など様々な人が支えている。

強靭な肉体や精神力を持つトップアスリートでさえ、このように様々な人の支えのもと、日々の試合に臨んでいるのである。そして特に重要だと思うのが、トップアスリートを支えるチームの中に、心理カウンセラーや心理学者のような、精神面のサポートをする専門家が含まれていることだ。

私にとって、フロリダ大学での大学院生活は非常に充実していたが、それでも渡米後4年目になると、大学院生活をスタートした頃に比べ、研究や日々の生活に対するモチベーションが下がっていったように感じる。理想の指導教官に恵まれ、研究施設も充実していたので、なぜモチベーションが下がってしまうのか、あるいは日々のモチベーションが安定しないのか、一時期悩んだ。

ただアメリカの良かったことの一つが、カウンセリングが大学内でも、また社会的にも文化として根付いていたことだった。何か悩むことがあればすぐにカウンセリングに行き、専門家に話を聞いてもらうということが、アメリカでは普通のことであったし、実際に自分の周りにもカウンセリングに通っている大学院生が多くいた。学生・院生は、大学内の施設で無料カウンセリングを受けることができたので、私も大学院生活4年目から試しにカウンセリングに行ってみることにした。そしてそれは私にとって目からうろこの経験になった。心理学の専門家から、モチベーションが下がってしまった原因の分析をしてもらい、またモチベーションを保つための、更に言えば精神面の充実をはかるための様々なアドバイスやテクニックを教えてもらった。当時は朝、研究室に行く前にカウンセラーと話すことが日々の楽しみにすらなった。

慣れない異国の地での大学院生活は時に孤独で、壁に当たることもあるが、私にとっての留学生活が充実したのは、まず研究・学術面では、優れた教員に指導してもらったこと、更に研究室や大学院でたくさんの同志がいたことによる。更に、気分をリフレッシュするために、時々食事を共にしたり、テニスをする友人がいたことも有難かった。また市内のサッカーチームに所属していたこともあり、毎週日曜の午前には試合があり、定期的に運動をしたり、研究以外の目標(例:チームの勝利)に向かって取り組んでいたことも精神・肉体の充実に良い影響をもたらしたと思う。支えてくれる教員、大学院の仲間、友人はまさに自分にとっての「チーム桜井」であったし、そのチームに欠かせない最後のピースこそが、精神面の充実のために専門的なアドバイスをくれるカウンセラーだったかもしれない。

日本では、カウンセリングはアメリカのように一般に浸透していないようで、カウンセリングが文化として根付いていないことは少し残念だ。何か悩みなどがあれば、もっと積極的に専門家に話を聞きに行って良いと思う。

今振り返れば、大学院卒業後、帰国してからも、「チーム桜井」のメンバーは変わっても、研究をサポートしてくれる教授や研究仲間、週末にフットサルを楽しむ友人、そして家族など、様々な人の支えによって、自分はキャリアを積んできたと感じる。

大学教員を目指す若者にとって、大学院での生活、大学院卒業後、大学教員になるまでの日々、そしてその後のキャリアも含め、長い道のりが待っている。時にはモチベーションが下がってしまうことも、不安や焦燥感に駆られることもあるだろう。道のりは長いからこそ、時々自分の心のメンテナンスをしてみたり、必要であれば自分のためだけのチームを作るような、自分を支えてくれる人の輪を作るようなことも考えてほしいと思う。

Part1
12章

ポスドク時代：非常勤講師で経験を積む

ポスドクとはポストドクターの略で、博士号を取得したものの、正規（任期無し）の大学教員などのポストには就かず（または就けず）、非正規の立場で研究活動を続ける任期付き研究者のことを指す。博士研究員とも呼ばれるようで、数年間の研究プロジェクトごとに雇用されることが多く、基本的にはその後の雇用は保証されていない。

研究プロジェクトでポスドクとして採用されると、基本的にはそのプロジェクトの研究に従事することになり、なおかつプロジェクトを運営するための研究以外の仕事（事務作業など）も同時にこなさなければならないこともある。ただ幸い日本には、自由に自分の裁量のもと研究だけに専念できる制度もあり、その一つが日本学術振興会の特別研究員（PD：ポストドクター）制度だ。若手研究者に対して、「自由な発想のもとに主体的に研究課題等を選びながら研究に専念する機会を与え、研究者の養成・確保を図る制度」で、幸運にも私はこの特別研究員制度に採択され、3年間は生活費と研究費を支給してもらいながら、研究活動に専念できるようになった。この特別研究員制度もそうだが、任期付き研究員（ポスドク）は、「一定の期間（数年間など）は面倒を見るが、その間に、次の就職先を見つけてください」という趣旨だ。つまり一定期間の猶予はあるが、その間に次の職を無事見つけることができなければ路頭に迷うことになる。制度の期間終了後に即「失業」しないように、常に次の職を探さなければならない。

就職活動をしながら、もちろん研究者として研究業績も出さなければならない（そもそも研究業績を着実に出していなければ、大学教員という狭きポストを獲得することもますます遠のくだろう)。従って、フィールド調査でのデータ収集、結果分析、論文執筆、学会発表といった研究活動の傍ら、就職活動もしなければならない。大学教員のポストに応募をする際には、過去の指導経験も明記しなければならないことが多く、つまり「これまで実際にどのくらい大学や専門学校で授業をしてきた経験があるのか」、また「どのように学生指導をしてきたのか」といったことも評価されるのだ。従って、ポスドクの間は研究以外にも「教育」もしなければならない。

だからこそ、大学教員を目指しているポスドクは、非常勤講師をしていることが多い。非常勤講師とは大学で、非正規の教員として授業を受け持つことである。授業ごとに採用されるので、大学の会議(教授会など)に出る必要はなく、その授業だけ責任をもってすれば良いのだ。通常、授業1コマの給料はそれほど高くないので、一般的に週に数コマ授業を担当するだけでは、とても生活してゆくことはできない。複数の大学で授業を受け持ち、合計週10コマ(10の科目)を教えて、やっと何とか生活ができる、といった非常勤講師の苦労話をよく耳にする。一つの科目を教えるということは、そのための授業準備や授業後の学生による提出物の採点やフィードバックなどの作業が伴い、結構な時間を要するものだ。ポスドクは次の就職先を見つけるための猶予期間だと考えると、あまり教育に力を入れすぎることはよくないし、かといって研究活動に専念しすぎると、教育経験を積むことができない。研究、教育、就職活動を絶妙なバランスのもと併行していくことがポスドク時代には求められるのだ。

ところで、私にとってのポスドク時代は今振り返ってみると大学教員になるために不可欠な、最高に充実した期間だった。フロリダ大学大学院で博士号を取得した後に、私は横浜国立大学のとある研究室でポスドクをさせてもらうことになったが、研究室の受入教員の先生には大変よくして頂き、自由に研究活動をすることができた。フロリダ大学で所属していた研究室はどちらかというと社会調査・社会科学の研究が多かったが、横浜国立大学では理系の研究室に所属したため、理系ならではの考え方やアプローチを学んだ。環境問題や社会問題は日々複雑化する一方で、それらの解決のためには、「分野横断」的な研究や取り組みが必要であると昨今叫ばれている。そのためには、まずは分野の異なる研究者が同じ空間にいて、研究について一緒に議論したり考えたりすることが大事だろう。そんな環境が横浜国立大学の研究室にはあった。また受け入れてもらった研究室の指導教官の紹介で、ユネスコエコパークと呼ばれる自然との共存を目指す国際的な取り組みに参加させてもらい、世界中の国立公園や自然公園などを研究の一環として視察させてもらった。

同時にポスドク時代には、自分の受入教員も含め、様々な大学の研究室を訪問させてもらい、また教員の指導事例を見せてもらい、大学教授はどうあるべきか、研究室はどのように運営していけば良いか、多くの気づきを得ることができた。理系と文系でも研究室の在り方や教員と学生との距離感がだいぶ異なる気がする。どのように研究室を運営すると、より学生が主体的・能動的に研究に打ち込める空間を築くことができるのか。大学教員と学生との効果的な距離感やコミュニケーションとはどのようなものか。アメリカで学んだメンタリングの考え方や姿勢は日本の大学・研究室でどのくらい通用するのか。受入教員が寛容な方であったため、研究室の運営や学生支援の在り方に関するワークショップも大学で開催させてもらった。このワークショップでは、年齢、国籍、更に立場も異なる研究室の大学院生、研究員、教授が一緒になって一つの作業に取り組み、お互いの性格を理解するゲームを行い、最終的には研究室のゴールを一緒に作った。研究室では、もともと一部の研究員や教授が主に発言し、学生は黙って聞いているということが多かったが、ワークショップ後は、年齢、国籍に関係なく、研究室内で活発な意見交換が日常的にされるようになったように見えた。もちろん、一度限りのワークショップで研究室の関係者の意識や行動を変化させることは難しい。しかし、一定の期間だけでも「相手の話を傾聴する」、「支援マインドを持って学生に接する」、「一緒に問題解決を目指す」といったメンタリングの基本姿勢を研究室の関係者に根付かせることができ、またそのことが学生間および学生と教員とのコミュニケーションを活発化させることも検証することができた。

Part1 13章

研究力を磨くために

ポスドク時代において大事なことは、研究を進め、業績をしっかり出しながら、就職活動もきっちりやることだ。研究を進めるうえでは個人でやるもの、共同研究でやるもの、上司から指示されてやるものなど、いろいろな種類がある。そして研究者である限り最も大事なことはアウトプットをしっかり出すこと、つまり論文を書き、学術雑誌に出版させることだ。アウトプットを出すという意味でもう一つ重要なことが学会発表だ。

13・1 共同研究

研究の進め方にもいろいろある。まずは自分一人で進めていく研究だ。ポスドクの場合、それまで大学院生の時からしてきた研究があるだろうから、その研究を継続させることは比較的容易にできるだろう。博士論文をすでに完成させた人が一般的にポスドクになるわけだから、特定の分野における研究の進め方や論文の書き方もある程度理解している人たちだと言える。私の場合は、大学院博士課程（博士後期課程）の時より栃木県で野生動物管理に関する研究をしてきたので、ポスドクになってからも継続して調査をさせてもらうことができた。

これまでしてきた研究を深めることはもちろん重要だが、すでにやってきたことを継続するだけでは、研究者としての視野はなかなか広がらず、同じ研究手法を使っている限り、研究に新規性は生まれない。同様に、同じ研究チーム・メンバーで研究を継続していたら新しい人的ネットワークはなかなか得られないかもしれない。ポスドクは新しいことに挑戦できる時だと言える。ポスドクの時こそ、例えば全く異なる研究を始めてみたり、新しい取り組みにチャレンジしてみたりすることが大事だろう。その後、研究者として継続して結果を残していくためには、結局その研究者がどのくらいの引き出しを持っているかが重要になってくるような気がする。もちろん一つのことを突き詰めて研究をして、また一つの手法／アプローチをずっと使い、キャリアを歩む研究者も多いだろう。その忍耐や一貫性は素晴らしいが、大学教員のポストが限られている現状を踏まえると、「複数のアプローチや研究手法に長けている研究者」、「異なる研究分野において着実に成果を出し、活躍している研究者」は、「一つの狭い分野においてのみ同じ手法で研究を続けてきた研究者」より、大学に採用される可能性が高いかもしれない。（もちろん本業、つまり、もともとやっていた研究を疎かにしてしまい、自分の専門・強みがなくなってしまってはよくないが。）

例えば一つの手法のみを使ってきた研究者が大学のポストを探していたとする。その手法に特化した、その手法を専門とする大学教員の公募があればちょうど良いが、そこまで特化した分野や手法の専門家の公募が出ることは多くはないだろう。今、自分自身が教員を採用する側になって感じることはこうだ。大学としては、新たに教員を採用するのであれば、是非（他の教員が現在しているように）その新任教員には複数の授業を受け持ってもらいたいし、社会調査で言えば、定性的な方法だけでなく、定量的な方法、統計解析も教えてもらえる人の方が良い。同様に、日本語でしか授業ができない人と、英語でも授業ができ、日本だけでなく海外の事例についても多少の知識がある人が応募してきたとしたら、大学としては英語の授業も受け持つことができる人を採用したい。今後グローバル化はますます進み、大学における留学生の割合も増えていくことが予想できるからだ。

また、これは自分自身が大学教員になって、日々痛感することだが、学生は様々な興味関心を持って大学に、またゼミ・研究室に入ってくる。総合大学や分野横断のテーマを掲げる学部（私の所属する学部のように）であればなおさらだが、自分の専門とする研究分野と全く同じことを研究したい学生が自分のゼミ・研究室に入ってくることはほとんどない。自分の研究室に入ってきた学生については、多少自分が知らない、またこれまで全く研究したことのない分野でも、学生がそれについて研究をしたいということであれば、指導教員として自分が責任を持って指導しなければならない。調査手法や分析法についても、学生は多様なアイデアを持っていることがあるので、効果的な指導をするためには教員もできる限りアンテナを広げ、様々な手法にも精通していることが望まれるだろう。教員が食わず嫌いでは、学生がせっかく面白いアイデアを持っていても、学生の可能性を狭めるような指導しかできないだろう。

例えば、私のゼミでは私がこれまで研究してきた野生動物管理、生物多様性保全、環境教育などをテーマに掲げているが、入ってくる学生はごみ問題に関心があったり、エコツーリズムについて勉強してみたかったり多様だ。全ての授業や指導が英語で行われる英語基準プログラムのゼミも担当しているが、そこでは学生は全員留学生なので、研究対象となる国も多様だ。インドのごみ問題、中国の環境教育、インドネシアの公共交通政策など。学生には一番興味があること、やりたいことを研究してもらうのが良いと考えている。興味があることを研究できれば学生のモチベーションも高くなるわけで、学生は責任と自主性を持って研究を進めてくれることが多い。ただ、そうすると教員側も一緒になってそのテーマについ勉強し、対応する必要があるのだ。

その先の研究者・大学教員としての人生を考えると、ポスドクの期間に(そしてその後も)自分の研究の幅を広げておくことが重要だろう。そのために重要になってくることこそが共同研究だと思う。一人で、または特定の人(指導教官など)と悶々と考えているだけでは、なかなか新しいアイデアが生まれなかったり、新しい手法にチャレンジすることができなかったりする。しかし、良き共同研究者に巡り合えれば、自分の可能性が一気に広がる可能性がある。

共同研究には大きく分けて二種類があると思う。相手から声をかけてもらい始まる共同研究と自分から特定の研究者に声をかけ、始める共同研究だ。大学院修士課程に入学し、初めて研究を始めた時は、私は日本のツキノワグマ保全に関する研究がしたかったのだが、日本のどこでそのような研究ができるのか、更にはどの研究機関が大学院生の調査を受け入れてくれるのか全く見当がつかなかった。そこで、北海道、島根、四国など様々な地域にいるクマの研究者の方々に片っ端からメールを送った。「〜という調査をしたいと考えているが、そちらの地域でそのような研究をさせてもらうことが可能か。協力して頂けるか。」という質問・お願いをした。その時は幸い、長野県にあるクマの保全活動をしている団体から協力を頂けることになり、修士課程における調査を始めることができた。この時の研究の成果を、とある学会で発表したところ、当時兵庫県の鳥獣担当をしていた職員から、「このテーマで兵庫県で一緒に研究をしてみないか」と声をかけて頂き、これが博士課程における自分の主要な研究テーマ「兵庫県におけるクマと人との共存を目指した社会調査」

につながった。学会発表は、自分の研究内容を広く人々に知らせるうえで、そして同じ関心を持つ関係者とコネクションを作るうえでやはり重要な場だ。

このように修士課程の長野県での調査は、私から関係団体に共同研究の話を持ち掛けてスタートし、博士課程の兵庫県での調査は、行政の関係者からお誘い頂き、共同研究をすることができた。博士課程の時には、栃木県においても調査をさせてもらったが、この時は自分から県の職員に野生動物管理に関する研究がしたいと話を持ち掛けた。幸い、栃木県の鳥獣担当の職員は、すでに学会を通してよく知ってる方だったので、すんなりと調査をすることへの同意を頂いた。

ポスドクとして横浜国立大学に在籍していた時は、京都にある環境問題に関する研究所のプロジェクトチームに声をかけて頂き、自然環境の保全をテーマに、国内外の様々な都市・地域（奄美大島、トルコの砂漠地帯、フランスのユネスコ本部、カナダの国立公園など）に調査に行き、視野を広げることができた。

現在勤務している関西の私立大学に就職してからは、海の保全をテーマとした研究チームに入れて頂いた。それまでの私は陸での調査（里山管理や野生動物管理）がメインだったが、海洋保全・海との共存という新しいテーマの研究に携わり、視野を広げることができた。また、それまでは私は主に社会学・社会科学に関する調査をしていたが、研究チームに環境経済学を専門とする研究者がおり、この方との共同研究を通して、環境経済学という全く異なる視点から研究に携わることができた。

共同研究は素晴らしい学び・成長の機会を与えてくれる。一方で、いくつか注意すべき点もあるだろう。例えば大学の先生の中にポスドクが混じって研究を行う際、または年配の研究者の中で一人若手が混じって研究を行う際は、どうしてもポスドク・若手は立場が低いので、研究よりも雑用に近い作業を任されることもあるかもしれない。特定の先生や研究者に雇用されている立場であれば、雇い主から指示された作業（研究と直接関係のない雑務も含め）も多少やる必要があるだろう。ただ、すでに自身の研究費や生活費を確保できている場合であれば、自由に研究ができるし、するべきだろう。「その共同研究に参加することが自分自身のためになるのか」、「研究者としてのキャリアを積んでゆくうえで必要な業績をその共同研究を通して出せそうか」、「その共同研究をすることで研究者として成長ができそうか」。このようなことを踏まえ共同研究に参加したり、あるいは自身で共同研究を企画・実行していくことが重要だろう。

次に、一緒に共同研究をする人の人間性も重要だろう。通常、共同研究をする際には、収集したデータをどのように扱うのか（例：それぞれがどの部分のデータを使って、どのような分析をするのか）、それぞれがどのような論文を執筆するのか（例：メンバー全員が共著者として連名で論文を書く場合、誰が第一著者になるのか）などは、共同研究者間で事前にある程度決めておくことが賢明だろう。中には、メンバー間でデータを共同利用することを取り決めていたにもかかわらず、「そのデータは自分のものだ」と途中から主張したり、または事前に共有したテーマで論文を書き始めようとしたら、「自分がその内容で論文を書こうと思っていた」などと言ってきたりする人が残念ながらいるかもしれない。そのような人とは、有意義な共同研究をすることはできないだろう。

キャリアを積んでいる最中で、就職するうえで業績が必要な若手の方が、すでに定職に就いている研究者や大学教員よりもたくさんの業績を出す必要があるので、大学教員や年配の研究者は若手が論文を書くことを積極的に支援すべきだろう。「自分もそのテーマで論文を書こうと思っていた」などと言う人ほど、実際は論文をほとんど書けていないことが多い。「できる研究者」は、若手が論文を書こうとしている時は、その論文の執筆は若手に任せて、本人は支援する側に回り、一方で自身は自分にしか書けない論文を書くことに専念するものだ。

幸い、私はこれまで共同研究者には恵まれてきた。自分が自由に研究をすることに、更に好きなように論文を書くことに対して、積極的に支援してくれる共同研究者が多かった。そのおかげで、若手のうちから、自分が思うように、書きたいテーマの論文を書くことができた。だからこそ、共同研究をする際には、特に若手の時には、誰と一緒に研究をするかや、共同研究者の人間性が重要だと改めて感じている。

13・2 学会発表

「学会で自分の研究発表をすることが好きでたまらない」という人は、果たしてどのくらいいるのだろうか。年配の大学の先生と話していると、学会に行くのが好きでたまらないという人をたまに見かけるが、よくよく話を聞いてみると、「仲のいい知り合いや研究仲間と久しぶりに会って、積もる話をしたり友情を確かめ合うことが楽しい」ということだったりする。要するに、学会そのものというより、また自身の研究発表がどうこうということではなく、単純に飲み会が楽しい、ということかもしれない。

私は人前で話したり、発表することは嫌いではない。中学校の弁論大会で、全校生徒の前で発表した時、初めて人前で話すことの楽しさやりがいを感じた。ただ学会での研究発表は中学校の弁論大会とは話が違う。大勢の人の前で何かを発表するという意味では、学会発表はミュージシャン／アーティストが行う「ライブ」

に近いものがあるかもしれない。ただ決定的に違うのは、ミュージシャンが行うライブに来るお客さんは、大半がそのアーティストのファンである（好きで集まっている）のに対して、学会発表で自分の研究報告を聞いている人（他の研究者）は自分のファンではないということだ。むしろ、研究内容やアプローチについて批判をしたくてやって来る人もいるかもしれない。分析の間違いを指摘してもらえたり、別の見方や新たな可能性を指摘してもらえることは、とても有難いが、一方で「研究に対する姿勢が気に入らない」とか、「自分の考えとは違う」ということで批判してくる人もたまにいる。広い意味でその研究に関心がある人が（内容に賛成か反対かは別として）発表を聞きに来ると考えていいだろう。

世の中で起こる様々な社会問題を見ていると、一つの課題とその解決方法が明らかになれば、また次の課題が浮き彫りになるということがよくある。研究もおそらくそうだろう。全ての人が満足する１００点満点の研究なんてものは存在しない。そもそも、多様な研究手法・アプローチがあり、どの手法にも長所と短所がある。「このような研究手法を使えば新たなことが分かる」など建設的な意見が頂ければ有難いが、残念ながら「この研究手法は嫌いだ」という個人的・感情的なコメントをする人もたまにいる。発表者が答えられないような、重箱の隅をつつくような質問をあえてしようとする人もいるかもしれない。そんな経験が続くと、若手にとって学会で発表することは歯医者に行くような気分になるかもしれない。

ただ、逆説的だが、だからこそ学会で発表することは重要なのだ。様々な意見があることを知り、自分一人では見えなかった新たな考え方を理解し、また自分が気づかなかった研究の弱点や誤りなどを指摘してもらえるからこそ、学会は最高の学びの機会になる。何より学会では、いろいろな人と出会い、ネットワークを広げることができる。実際、今振り返ってみれば、長年共同研究をすることになり、一生の財産になるような人との出会いは、多くの場合、学会で生まれた。

日本国内でも様々な学会が存在する。会員数が数百人程度の学会から数千人規模の学会まで、分野も特定のテーマを扱うものから、分野横断的な学会まで実に多様だ。学会ごとに雰囲気も違う。服装一つをとっても、発表者は皆、基本的にスーツ姿である学会から、Tシャツにジーンズのようなラフな格好で発表しても許されるようなカジュアルな学会まで、いろいろある。海外の学会も含めたら、自分の研究テーマで発表できる学会は数えきれないほどある。若手のうちは特に、自分自身の成長につながる、良い出会いが生まれそうな、そして後の就職活動にも活かせそうな学会を見つけ、そこで積極的に学会発表も含め活動してゆくといいだろう。

13・3 論文執筆

論文の執筆は研究者にとって最も大事な仕事だろう。大学の先生になりたければ、業績は多いほど良い。つまり論文はたくさん書いた方が良いといって間違いはないだろう。

とある学会の「論文の書き方セミナー」で、講師として「どうすれば論文をたくさん書けるか?」という演題で若手向けに発表したことがある。論文を書き続けるうえで、更に学術雑誌に様々な論文を掲載し続けるために、大きく分けて三つの重要なことがあるように思う。

13・3・1 論文を書く明確な動機付け／理由を持っていること

まずなぜ論文を書くのか？ということだ。明確な動機付けが大事だ。論文を書く理由をしっかり自分の中で理解できていないと、または納得できていないとモチベーションもわかないだろうし、継続して論文を書き続けるのは難しいだろう。論文を書くのは決して楽な仕事ではないからだ。

なぜ論文を書くのか？その答えは、「研究者は学問の発展に貢献し続ける義務・使命があり、そのために論文を生産・発表し続けなければならない」ということだ。学会で研究発表をすること、論文を書き、学術雑誌に掲載させることは、研究者の責務だと思う。サッカー選手がサッカーをしなくなってしまったら、もはや「サッカー選手」とは呼べないように、論文を書くことを辞めてしまった研究者は研究者とは呼べないのではないか。研究・科学とは、終わりのない営みである。一つの研究をすると新たな課題が見つかり、一つの仮説を検証すると予想外の結果が出てくることもある。研究をして、論文を書いてみて、初めてその研究の真の意義や将来への可能性、そして新たな課題が見えてくる。一回で終わりではなく、ずっと続いていく営みこそが科学であり、だからこそ研究者は論文を書き続ける義務がある。

また論文を書き続けることで論文執筆スキルそのものが向上するのも事実だ。誰だって最初は初心者だが、たくさん論文を書き、雑誌に投稿し、時には受理され／時には却下され、査読者から厳しい批判を頂き、そのようなプロセスを経て、より良い論文が書けるようになっていく。また研究者という職業は、「論文を発表し続けさえすれば定年はない」と私は考えている。研究を続け、論文を書き、雑誌に掲載され、学会で発表し、第一線で活動を続けていれば、いつまでも仕事を続けられる。もちろん大学や研究機関に定年はあるが、研究者としては、自分ができる限りにおいて現役を続けられる。定年はない。そんなぜいたくな職業が研究者だと思う。

13・3・2　査読プロセスそのものを楽しめるかどうか

論文を書き続けるうえで重要な二つ目のことは、査読と査読への対応を理解するということだ。論文といっても大まかに二種類に分けられる。一つ目は査読無しの論文で、もう一つが査読有り／査読付きの（つまり査読という審査を経て他の専門家から認められた）論文だ。「論文」は査読を経たものかどうかでその価値は大きく異なる。

例えば、私は自分の勤めている大学・学部が発行している紀要（大学・学部が自前で発行している学術雑誌）に論文を書いて投稿すると、ほぼ無条件で掲載される。その大学の教員であるということで、論文を掲載すべきか否かについては特段の評価・審査がされることなく掲載されるのだ。時々、査読無しの論文について、自身の主要な業績として宣伝している研究者もいるが、査読無しということは、他の研究者による審査・評価を経ていない論文なので、極端な話、内容が間違っていても、データ分析に誤りがあっても、誰かから特に指摘されることもなく掲載されることもあるだろう。

本の執筆も同様に査読無しであることが多い。「来年度出版予定の新しい本の1つの章を執筆をしてください。テーマは～～について自由に書いてください」という依頼を時々出版社や他の研究者から頂くが、そのテーマについて執筆し、提出すると、ほとんど手直し・修正されることなく、出版されることも多い。本の編集者から、執筆した内容について体裁に関する修正依頼や指示を頂くことはあるが、データ分析の正確さや数値の正しさなどを審査されることはまずない。紀要も本も、書いた内容に関する特段の審査がないのは、「その分野の専門家が書いているので、特に評価・審査の必要はない」と考えられているからかもしれない。ただ、他の研究者からの審査を受けていないので、科学的正しさが保証されているわけではない、という点は注意が必要だ。

一方で、通常の学術雑誌に論文を投稿すると、「研究手法は適切か」、「分析は正しいか」、「結論は妥当か」、「雑誌への掲載に値するほどの学術的な価値があるか」といったことを他の専門家によって審査される。この**他の専門家による細かい審査こそが「査読」であり、査読付き論文とは、これらの審査を経て、他の専門家からその研究の価値を認められた論文のことを指す。**当然だが、査読を通った論文（査読付き論文）とそういった審査を経ていない論文（査読無し論文）はその学術的価値が大きく異なるわけで、研究者の実力（研究力）を知りたければ、その人がこれまで査読付き論文を何本書いてきたか（出版してきたか）を見たらいいだろう。

一般的に論文を学術雑誌（学会誌と呼んだりもする）に投稿すると、その後、数カ月間（長ければ半年以上）にわたって複数名の専門家（同じ分野を専門とする他の研究者・大学教員）が論文の審査をして、査読結果を投稿者（著者）に通達する。通常、査読結果は、「1．そのまま掲載してよし、2．少し修正のうえ掲載してよし、3．大幅に修正して再審査する必要がある、4．掲載に適さない（却下）」の中のどれかの評価を受ける。しっかりと審査をする学術雑誌であれば、論文を投稿して、すぐに「1．そのまま掲載してよし」という結果が出ることはまずない。一回目の投稿では「3．大幅に修正して再審査する必要がある」という結果になることが多く、その結果とともに審査者（査読者とも呼ばれる）からのコメント（研究・論文の修正すべき点など）

も添付して送られてくる。一般的には査読者の氏名は公開されないので、論文を書いた著者は誰が審査をしているかは分からない。

著者は査読者からのコメント・指摘に沿って、修正をして、再度修正した論文を学会誌に投稿し、同じ査読者が再び数カ月かけて審査をする。二回目の審査で「2. 少し修正のうえ掲載してよし」または「1. そのまま掲載してよし」という結果が出れば、投稿者としては御の字だが、再度「大幅に修正」を求められることもある。このように投稿⬇査読⬇修正⬇再投稿⬇再査読⬇再修正⬇再投稿を繰り返すので、一つの論文を査読付きとして学術雑誌に掲載させるには時間がかかる。例えば査読に数カ月かかり、その結果を踏まえ投稿者が修正するのに1、2か月かかり、再度投稿した論文を再び査読者が1、2カ月かけて査読をしたとすると、その時点で半年以上かかるわけだ。従って、論文を投稿してから、正式に学術雑誌に受理されるまでに1年以上かかることはよくあることだ。要するに論文を執筆し、学術雑誌に投稿し、査読・受理を経て掲載されるまでは長く険しい道のりが待っているということだ。だからこそ、同じ分野の他の研究者や大学教員がしっかりと審査し、研究・論文として優れた内容であることが認められた「査読付き論文」こそが、研究者の業績として評価されるのだ。（ただし投稿する雑誌のレベルによって、査読のプロセスは難しいものにも簡単なものにもなりうる。例えば、*Nature*や*Science*のように国際的に権威のある雑誌であれば、論文を投稿しても、「掲載に値しない＝却下」の結果が出ることが多く、一方で、レベルの低い［または論文の投稿が少なくて困っているような］雑誌であれば、質の低い論文を投稿しても「そのまま掲載してよし＝受理」といった結果がすぐに出ることもある。）

学術雑誌は個人的な意見を披露する場ではない。査読がない紀要などへ投稿する論文では、また本を執筆する際には、多少個人的な意見を、披露しても良いかもしれない。ただ、科学の発展、学問の深化のためには、質の高い研究が行われ、信頼性のある研究成果が蓄積されるべきであり、査読はその品質管理をする、まさに科学の使命の中核を担う作業なのだ。ただ、論文を執筆した著者にとっては、査読で厳しい意見を言われることは、多くの場合、辛いプロセスでもある。とある本に査読とは「ほこりだらけのじゅうたんのように、ボコボコにたたかれる」(1)ことであると書かれていた。投稿者の心情をまさに言い当てていると思う。

査読と言っても結局は「人間」がする作業であることを理解することも重要だと思う。査読者=大先生／絶対的存在とは限らない。査読は英語でpeer reviewという。Peerの和訳は「同僚」である。研究の世界では、論文投稿者にとって、同じ分野の他の研究者・専門家がpeer「同僚」に当たる。雑誌に投稿された論文は、同じ分野・テーマについて研究する他の研究者=同僚(いわゆる同業他社)によって審査されるからこそ、peer review(同僚による評価)と言うのだ。そもそも科学とは、研究者や専門家が研究活動を続け、その成果を論文という形で積み上げていくことで築かれていくものであり、その際、研究者がお互いの研究やその成果について批判しあい切磋琢磨をすることで進歩してゆくものだ。つまり科学とは誰か一人が行うものではなく、大勢の研究者が行い、集団で作り上げてゆくもの(community effort)なのだ。

さて、学術雑誌に論文を投稿すると、通常二人の査読者(同じ分野の他の研究者)が審査するのだが、同じ論文に対して結果的に二人が全く異なる評価をすることも、稀にある。つまり、例えば一人(査読者A)は投稿された論文は「微修正を加えれば受理する」と判断し、もう一人(査読者B)が同論文は「質が低く雑誌への掲載に値しない=掲載不可」と判断する、というケースである。実際私自身も、稀にではあるが、二人の査読者の結果が分かれる[すなわち一人は「本論文は価値があり本学術雑誌に掲載すべき」と判断し、もう一人は「本研究はほとんど価値がないため却下すべき」と判断する」という経験をしたことがある。その道の専門家である二人の査読者の意見が、なぜここまで分かれるのか?その答えは、結局、査読者といっても「人」だから、ということになると思う。

本来は、査読は「その研究は科学的に正しい手法に則り調査が行われたか」、「分析手法は正確か」、「妥当な結果と結論が書かれているか」といったことを淡々と審査し、これらを総合的に判断し、受理か却下かの判断がなされるもので、この点においては研究者間でもそれほど意見が分かれるはずはない。しかし、評価において審査者の個人的信念や好き嫌いが入ってくると、意見が分かれたりするのだろう。査読とは、科学的正しさのみにおいて審査されるべきなので、単純に「研究手法が(個人的に)気に入らない」、などの理不尽な理由で却下されることは、本来はあってはならないことだ。個人的な経験から言うと、国際誌、つまり海外の学術雑誌に投稿した際には、査読者の意見が割れる経験は、私はあまりしたことがない。国際誌の場合は、海外の査読者なので投稿者を個人的に知っていることも少なく、より客観的に論文・研究そのものを評価できるのかもしれない。

査読者といっても結局は「人」である。自分が他の研究者の論文を査読すること、つまり査読者側に立つことが増えるようになってから、このことをより強く感じるようになった。大学のポストに就き、学術雑誌に投稿された論文の評価を依頼される機会が多くなったが、査読者には、冷静に、客観的に投稿された論文の科学的な評価をすることが求められる。そして、例えば自分が関わっている研究プロジェクトにおける、また個人的に親しくしている研究者によって投稿された論文などについては、客観的な評価をすることが難しい場合もあり、その時は査読を辞退し、他の研究者に査読をしてもらうほかないだろう。

最後に、**論文を生産し続けるためには何が必要か**ということを考えたい。これは大学教員になった後のキャリアの在り方にも関係することで、20章「目指すべき大学教授像」の内容とも関連するが、ここではまず「楽しむこと」の重要性を書きたい。研究をすることも論文を執筆することも、時間がかかるプロセスだ。そして何とか論文を完成させ、投稿しても、査読で厳しい指摘をされたり、冷酷な判断（却下）をされたりすることもある。一般的にこれらは決して「楽しい」プロセスではないのだ。しかし、だからこそ、逆説的だが、これらの全てのプロセス（研究➡論文執筆➡査読）を楽しめるかどうかこそが、継続的に、意欲的に研究活動や論文執筆をするうえでの鍵になるような気がする。研究は本来、自分が興味のあることをテーマにしていることが多いので、比較的に楽しめるかもしれない。一方で論文執筆は、文章を書くことが好きではない人にとっては辛い作業だろう。実際、「論文を書くのが辛い、大変、しんどい」と言っている大学院生や研究者を時々見かける。そんな人は、自分なりに日々小さな目標を立てたり（例：今日は論文の執筆を3ページ進める）、モチベーションを高めたり（例：国際的に権威のある雑誌に掲載されたら飲酒解禁）しながら根気強く書き進めていく必要がある。

いざ論文を学術雑誌に投稿し、査読結果において「修正したうえで掲載可」、または「修正すれば再度審査する」、といった評価をもらえれば、引き続き頑張ろうと思えるかもしれない。問題は査読結果が却下／リジェクトであった場合だ。更に査読者から「この研究は価値がない」などと言われた日には、普通の人ならショックは大きいだろう。このことについて、先述の書籍では、「リジェクトとは、えてして不公平で、悪意があって、説明が足りないもの」、「たくさん書くためにはリジェクトは刊行に際しての消費税と考えるべき」(2)と書かれている。

自分の研究の価値を一番理解しているのは自分自身かもしれない。リジェクトされても、自分の論文の価値を信じて、あきらめずに別の雑誌に再チャレンジする、という姿勢が重要だ。私の指導教官であるスーザンは、よくこんな経験談を話してくれた。「とある学術雑誌からリジェクトを受けた論文を別の雑誌に投稿したところ、無事受理されただけでなく、その論文がその雑誌の最優秀論文賞を受賞した」と。

幸い論文の書き方については様々な参考書が存在する。有名なものとしては、［酒井聡樹．２０１５．「これから論文を書く若者のために」．共立出版．］という本がある。少なくとも私が関わる分野では、多くの大学院生が愛用している本のようなので、論文執筆に悩んでいる人は是非一読してみると良いかもしれない。この章で何度か引用した書籍［シルヴィア、ポール（著）、J・高橋さきの（翻訳）．２０１５．「できる研究者の論文精算術：どうすれば『たくさん』書けるのか」．講談社．］も、とても読みやすく、論文を継続してたくさん書くための極意がたくさん記載されている。

(1) シルヴィア、ポール（著）、J・高橋さきの（翻訳）．２０１５．「できる研究者の論文精算術：どうすれば『たくさん』書けるのか」．講談社．東京．57ページより．

(2) 同右：60、63ページより．

査読結果
あなたの研究に
価値はありません
まじっすか…

『リジェクトとは、えてして不公平で、悪意があって、説明が足りないものだ』（シルヴィア 2015）

Part1 14章

大学教員になるための就職活動：数うちゃ当たるのか？

ポスドクは自分の研究を進め、業績を重ねる期間であり、同時に次の就職先を見つけるための期間でもある。ポスドクは有期（つまり期限付き）であることが多く、採用期間は1年ごとのものから、数年から5年程度のものが普通だろう。日本学術振興会の特別研究員として私は、給料と研究費を頂きながらポスドクの期間を過ごせたが、それでも任期は3年間だ。つまり、その間に次の就職先を見つけなければ路頭に迷うことになるのだ。大学教員になるという目標を実現させるために、ポスドクの間になんとしてでも大学教員のポストを得たいと思っていた。また、任期の最終年度（つまり3年目）になって焦って就職活動をするのも避けたかった。結果が出なければ4年目（つまり最終年度の翌年）は定職がない状態になってしまうからだ。大学教員のポストは非常に限られているし、そもそも自分が就職活動をする年に、運よく自分の研究分野に近い内容の公募が出る可能性も低そうだ。だとしたら「ポスドクの一年目から常に様々な大学の公募情報に目を光らせ、少しでも可能性がありそうな大学があれば積極的に応募するしかない」と、当時の私は考えていた。

私のプランはこうだった。ポスドク一年目は関東圏の大学を中心に、少しでも可能性がありそうな大学教員の公募が出たら、手当たり次第に応募する。ポスドク二年目は全国の大学を視野に入れ、少しでも可能性がありそうな公募が出たら、手当たり次第に応募する。そしてポスドク三年目は（この年まで就職が決まらなければ）大学教員だけでなく、全国の研究機関の研究員（任期付きも含め）のポストも含め、応募する。

幼少の頃より関東（埼玉県）で育った私は、まだ自分のポスドク期間に余裕のある一年目は、まずは住み慣れた関東の大学を中心に応募してゆこうと思っていた。一年間成果が出ず、就職活動も二年目に突入したならば、いよいよ全国の大学を受ける必要があるだろうと考えていた。そして仮に二年間就職が決まらず、ポスドク三年目に突入したとすれば、もう勤務地にもポスト（大学教員）にもこだわってはいられない。最終年度＝背水の陣なので、研究機関の研究員やポスドクのポストも含め、応募していく必要があると考えていた。

当時の私は、まだ大学教員の定職に就いたことがない若手だったので、応募する大学教員のポストとして可能性があるのは助教や講師（または准教授／特任准教授）などだろうと考えていた。研究業績に関しては、それなりに自信があった。当時、博士課程を終了し、博士号を取った段階で査読付き論文が10本以上あり、その半分以上が国際誌に掲載された英語論文だった。大学院を修了した（博士号を取得した）段階で、年齢も20代で、査読付き論文が10本以上ある人は、周りを見渡しても自分と同世代の研究者ではあまりいなかった。当時自分は論文執筆だけでなく、国内外の学会でも定期的に研究発表をして、人脈を広げており、書籍の分担執筆などもしていた。また、薄っぺらな本だが単著（自分が一人で書いた本）もあった。

それで結局、就職活動はうまくいったのか。

14・1 就職活動一年目

一年目は合計で8つの関東圏の大学の教員公募に応募した。ただ分野が若干異なる学科・専門領域の公募にも積極的に（そして無謀に）応募していたので、実際自分の研究してきた分野と近い内容で公募があったのは、そのうちの数件もなかったかもしれない。関東には大学がたくさんあるが、一年間公募情報を見張っていても自分の分野に近い内容の教員公募が出ることは、結局数件あるかないか程度だったのだ。この事実こそ、大学教員になるための道のりが狭く、厳しいものであることを表している。この時、私は初めて「そもそも自分が応募できそうな大学教員の公募が出ること自体、非常に限られている」という現実を身をもって体験した。

ポスドクの一年目に8つの大学に応募してみたが、結果はどうだったのか。一つの大学のみ、書類審査を通り、二次選考に進むことができた。つまりそれ以外の7大学は全て書類審査で落ちた。面接に進んだ大学は、都内の国立大学で、自分が関わってきた分野（野生動物管理）においては国内で最も研究が盛んな大学の一つであった。職位はテニュアトラック特任准教授。テニュアトラックとは、大学に一定の期間、任期付きとして雇われるが、そこで順調に成果を出せば、数年後にはテニュア＝任期無しの常勤（パーマネント）のポストとして採用されるという意味だ。つまり、毎年地道に研究を進め、論文を発表するなど業績を重ねれば、基本的にはそのまま任期なしのテニュアの教員として採用されるというポジションだ。

面接では、まずこれまで自分がしてきた研究（野生動物管理、気候変動に対する人々の意識、市民科学など）について発表し、その後、面接官から質問があり、自分なりの意見や回答を述べた。面接に行って驚いたが、面接官（5名程度）のうち半分以上は、私が比較的よく知っている先生であった。例えば、学会でよく会い、お世話になっていた先生であったり、共同研究プロジェクトで一緒にフィールド調査をした先生だったりした。従って、事前に予想していた「ピリピリとした緊張感のある圧迫面接」とは様子が大きく異なり、実際は、かなり和やかに面接が進んだ。面接官の多くは自分の味方であるように思えたし、質問された内容にも自分なりに答えることができたと思った。ただ、その数週間後に選考の結果が届き、結果は不採用であった。

後に審査に携わった先生からこんな話を個人的にしてもらった。「あの時は、他の候補者の中に、*Nature* に論文が掲載されたようなすごい研究者がいたので、君にはどうしても勝ち目はなかった。そんな研究者が応募してきたんだから仕方がない。」

これに対して当時の私は率直に「*Nature* に論文が掲載されるような若手研究者が応募していたならば、その応募者はきっと国内だけでなく国際的にもトップレベルの研究者だろう。そのような方が応募してくること自体すごいことで、やはり応募した同国立大学はレベルが高いな」と思った。落ちたことについては、そこまで落胆はしなかった。むしろ、この大学に落ちて、当時少しほっとしている自分がいた。自分がその大学で働いている・教員をしているイメージがどうしてもわかなかったからだ。野生動物管理の分野においては国内でトップレベルの大学で、学部生の頃から私はこの大学の先生を訪ねたり、研究室を訪問して、大学の雰囲気は比較的よく知っていた。ただ大学や研究室の雰囲気が自分には合っていないような気がした。「大学で教員をするなら、この大学ではなさそうだな」と心のどこかで思っていたのだ。それは国立大学と私立大学との違いにもよるだろうか。私自身が学部時代は私立大学に通っていたので、国立大学の雰囲気にはなじめなかったのかもしれない。国立大学で働いているイメージがどうしてもわかなかった。

当時は、わらをもすがる思いで大学教員になるための就職活動をしていた。大学教員というポストを得ることが当時の私にとっての目標で、若手の自分は大学を選べる立場にはなかった。ただ採用側、つまり面接をした先生は、応募者が大学の雰囲気に合っているかどうかは、見抜いていたかもしれない。

就職活動一年目は8大学受けて全て落ちたという結果で終わった。この結果を受け、「大学教員など夢のまた夢」という学生時代に感じた懸念・不安は一段と増した。また他大学の情報を見ていて、新たに採用された若手研究者の業績が、当時の自分と比較して必ずしも多くはないケースも多々あった。例えば査読付き論文の数は1，2本しかないものの准教授などに採用されているケースもよくあった。そのような現状を見るなかで、**大学教員に採用されるためには、業績以外にも重要な要素があるかもしれない**（つまりコネ・人脈が大事？）、といったことも考え始めるようになった。何はともあれ、二年目は関東などに限定せず、全国の大学の公募情報をくまなくチェックし、応募するようになった。

14・2　就職活動二年目

ポスドク二年目は当初の予定通り、関東圏に限らず全国の大学を対象として就職活動をした。その年は、自分に少しでも可能性がありそうな（研究分野的に自分がしてきたことに少しでも関連がありそうな）公募が合計12件あり、それらの大学教員のポストに応募した。一年目と同様、自分の専門分野とは若干異なるような公募にも積極的かつ無謀に応募していたので、12件といっても本当の意味で可能性のあった公募は実際はもっと少なかっただろう。結果、3つの大学において書類選考を通過し、二次選考に進むことができた。それ以外の9つの大学においては、書類選考で落ちた。二次選考に進んだ3大学は、関西の国立大学、都内の私立大学、そして現在の職場である関西の私立大学である。関西の国立大学も都内の私立大学も、テニュアトラックの教員公募で、関西の私立大学は任期付き（5年任期）の助教のポストであった。

関西の国立大学の二次選考は、一次選考を通った3名（私も含め）が、同大学の教員や研究者が集まる会場で、代わる代わる研究内容や今後の教育・研究の展望を発表する形式であった。通常、大学教員の採用面接は、面接官（数名）が応募者一人一人と面談をするもので、応募者同士が面接会場で会うことは基本的にはない。従って、書類選考に通った応募者が全員同じ会場に集まり、順番に発表をしていく（つまり他の応募者の研究内容も聞くことができる）同大学の選考はとても変わっていたと思う。この研究発表会では、応募者による発表後に聴衆（同大学の教員や研究者：その中に実際の審査員の先生も含まれていたと思われる）から少し質問があった程度で、あまり深い質疑は行われなかった。

残った応募者の中には、同大学・プログラムにおいて学位を取り、研究を継続している研究者が一人おり、応募者である私から見ても、どう考えても3名の候補者の中でその方がこのポストに一番向いていたように見えた。当の私自身も、会場で研究発表をしながら、そして周りにいる先生や研究者を眺めながら、自分がこの職場［同大学・研究室］に合っているとは全く思えなかった。専門としている野生動物保全をテーマとした公募だったので、自分が研究したい分野の採用枠ではあったが、同大学・研究施設、研究者の雰囲気が自分とは全く異なるように感じた。従って、そこで自分が働いているイメージも全くわかなかった。そして案の定ではあるが、同大学の採用試験の結果は不採用であった。（ちなみにやはり同プログラムで学位を取った、私自身もそのポストに向いていると感じた例の研究者が採用されていた。）

二次選考に進んだ二つ目の都内の私立大学については、私が応募する前から、その大学やそこで学ぶ学生の雰囲気についてよく理解していた。というのも、大変お世話になっている先生がその大学におり、私自身、大学院生やポスドクをしていた頃より、その先生の研究室に出入りさせてもらい、そこの学生の研究指導などをしていたからだ。ただ、その大学が公募していた教員の専門分野は英語教育で、私の研究テーマとは大きく異なるものだった。つまりここで採用された教員は、同大学で基本的に英語を日本人学生に教え、プラスアルファで自分が専門にしている研究分野についても学生に教えることが想定されていた。従って、二次選考では自分の専門分野の説明とともに、英語教育に関する模擬授業を審査員の先生にすることになった。面接官に英語の文法に関する講義をすることになったわけで、当時は必死になって準備をしたが、当然ながら私は英語教育を専門とする研究者ではないので、この採用面接（模擬講義）自体、私にとっては場違いであった。面接官の先生（おそらく英語教育が専門の先生）が怪訝な顔で私の模擬講義を聞き、講義後は文法に関する細かい質問を私は受けた。それに対して、ぎりぎり何とか回答をする、といった面接・模擬講義になった。英語教育を専門とする研究者が就くべきポストであり、むしろ「なぜ分野外の私が二次選考まで残ったのだろう？」と思った。結果は当然、不採用だった。

二次選考に進んだ三つ目の大学が関西の私立大学である。テニュアトラックのポストではなかったものの（任期付き：5年間の助教）、仕事内容は自分によく合っていた。というのも英語で環境問題・環境政策に関わる自分の専門分野について、日本人学生ではなく留学生に授業をするというのが、ここで採用される教員の主な仕事内容だったからだ。アメリカの大学院で修士課程・博士課程を学んだこともあり、英語で授業をすることにそれほど抵抗はなく、実際、当時は非常勤講師として関東の国立大学で、英語で生物多様性保全や持続可能性など自分の専門分野に関する授業をしていた。この私立大学の仕事は、これまでの経歴・経験を鑑みても、自分にぴったりの内容だと感じた。

また自分がそれまでにしてきた野生動物管理に関する研究のほとんどは、行政（県の職員など）との共同研究として実施してきたので、政策に直接関連するような研究をしてきたこともあり、政策科学を専門とする同学部はしっくりくる気がした。二次選考では、日本語で事前に課されたテーマに関する模擬授業を行い、また研究紹介もして、その後、面接官の先生から講義内容について質問を受け、また英語能力についても審査された。

結果、この関西の私立大学の任期付き助教の採用が決まった。英語で留学生（ネイティブスピーカーも含め）に対して環境政策に関する専門分野の授業ができること、またこれまで非常勤講師として他大学で実際にそのような授業をしてきたことなどが、私が採用された理由だと思う。

職がない若手の時は、どの大学で働きたいかなどと、選り好みをしている余裕は普通ないだろう。まず一つの大学から内定をもらえること、大学教員のポストを得ることが大変なわけなのだから。かといって自分に合っていない大学や職場で働くことになってしまったとしたら、それはそれで大変な日々が待っているだろう。そういう意味で、この私立大学は自分にとって理想的な職場であった（今でもそうだが）。

私は研究もしたいが、大学教員として授業や学生への研究指導もしっかりしてゆきたいと考えていた。大学の先生や研究者の中には、例えば一年の3分の1、または半分近くを海外のフィールドで過ごすという人もいる。また年中頻繁に、学会発表や研究で世界中を飛び回っている先生もいる。ただ私が目指している大学教員像は、そうではなく、基本的には大学におり、大学で教育・研究をして、時々学会発表や研究の打ち合わせなどで出張に出かけるというものだった。一般的に私立大学は国立大学に比べ、教員の授業持ちコマ数が多いと言われている。実際、私が勤務する大学も、年間10コマ（1コマ＝90分）くらい授業を持っている教員が多い。多くの時間をフィールド調査や海外で過ごしたいという研究者にとっては、国立大学の方が向いているだろう。ただ、私はむしろ、まとまった時間を教育にささげたいと思っており、また自分自身が私立大学の学部卒だったので、私立大学で学部生に授業をするというのが目指していた大学教員像であった。

また、これまでの経験を活かし、英語で留学生に授業をしたいと考えていた。日本に大学はたくさんあるが、英語で全ての授業が行われ、学位まで取れる英語基準コースを設けている大学は決して多くはない。一方で、欲を言えば、自分は日本人だし、全ての授業・教育を英語だけでやりたかったわけでもない。留学生に英語で授業するように、日本語で日本人学生にも授業をしたいと思っていた。まさにこの大学は英語基準コースで基本的には英語で授業をしながらも、日本語の授業も数コマ持て、留学生と日本人学生の両方を教える経験ができる理想的な職場であった。

自分に合っている環境で働けるなら、毎日楽しみながら、やりがいを感じながら、教育・研究・学部運営に携わることができるだろうし、モチベーションのある教員が新たに入ってくることは、きっと学部・大学など職場全体にも良い影響を与えるはずだ。

この関西の私立大学の助教のポストは5年任期だったので、途中から新たに就職活動をする必要があると思っていたが、私が働き始めてから二年目に、学部の環境政策を専門とする教員の定年退職に伴い、テニュアトラック（任期無し）准教授のポストの募集が始まった。このポストの公募については、学部内の教員からも情報提供して頂き、私は資料を準備し、応募した。結果、書類選考を経て、面接を行い、無事採用された。

この教員公募が出た背景には、先述の通り、ちょうど学部の環境を専門とする教員が定年を迎えたこともあったが、「学部において英語で授業が行われる英語基準プログラムがあり、英語で複数のテーマにおいて授業ができ、なおかつ英語を公用語とするゼミ・研究室を持つことができる教員が求められていた」ということがあるかもしれない。多くの日本語母語の先生にとっては、おそらく日本語で授業をした方が楽だし、英語で授業をするということはそれだけ授業準備に時間もかかり、授業中は英語ネイティブを含む留学生と英語で議論しなければならない。慣れていない人にとっては本当に大変だ。では英語ネイティブの先生を採用すれば良いのかというと、当然英語で授業はできるだろうが、同時にその先生は日本語も堪能である必要がある。なぜなら教授会など全ての会議は基本的に日本語で行われるので、日本語ができない大学教員は（少なくとも日本の大学においては）大学運営にあまり貢献できないかもしれない。要するに、大学運営をそつなくこなせるだけの日本語力を持ちながら、同時に留学生に英語で授業をして、英語ネイティブの学生とも対等に議論できるような先生が求められていたのだと思う。

現在勤務している大学に来てから、英語・日本語の両方で授業を持ち、学生指導をしながら、環境政策をテーマとする学部の先生が行っていた共同研究プロジェクトにも参加させてもらい、フィールド調査などにもたくさん行かせてもらった。その中で学部の先生方にも大変お世話になり、研究も大いに進めることができた。新天地でまずは自分の研究能力を（できること、できないことを含め）周りの教員、研究者、そして事務職員などに示す必要があると思い、着任してからは、とにかく精いっぱい、たくさん論文を書くことを心掛けた。

また、任期付き助教は私の大学では、通常は講義科目を持ち、ゼミ・研究室を持つ必要はないのだが（つまり学生の卒業研究を指導する必要はないのだが）、私は二年目から英語基準プログラムのゼミ（学部3年生）を持つことになった。私が所属する学部では、日本人学生に対しては30以上のゼミが開講されているが、当時、英語基準コースの学生（主に留学生）に対しては3ゼミしか開講されていなかった。更に留学生ゼミを担当していた一人の教員が、事情がありゼミを教えられなくなり、急きょ学部から英語基準コースのゼミを持ってほしいと当時任期付き助教であった私に依頼がきた。もともとゼミを持ちたかったし、喜んで引き受けたが、先ほども書いた通り、「英語で学生の卒業研究の指導をすることに積極的な先生は多くはないのかもしれない」と当時の私は感じた。

英語で授業ができること、英語でゼミ／研究室を指導できること、学部内の先生と共同研究をして業績を出していたことなどが、この時に任期付き助教から、准教授（任期無し）に昇進することができた理由だと私は考えている。

Part1 15章

そして大学教員へ

15・1 職場環境について

着任時は任期付き助教という立場ではあったが、関西の私立大学で念願の大学教員になることができた。慣れ親しんだ関東を離れ、関西に行くことになったが、期待と楽しみでいっぱいだったことを覚えている。人によってモチベーションやパフォーマンスが高まるような職場環境は異なる。例えば国の文化遺産に指定されるような歴史あるキャンパスが残る国立大学で働けることに生きがいを感じる大学教員もいるだろう。私の場合、歴史ある建造物で働くことよりも、できたての新しい建物・キャンパスで仕事ができることに魅力を感じた。勤務する大学の学部は、2015年度にできた新しいキャンパスに移転してきた。私は着任時からこの新キャンパスで働くことができ、施設・設備・全てが新品だったこともあり、教員としても研究者としてもモチベーションが上がった。

また職場の立地もよかった。東京都内の一等地にある大学であれば、キャンパスのすぐ近くに住むことは地価も高いだろうし、難しいかもしれない。都内で働いている人は片道1時間程かけて通勤していることも多いが、新しいキャンパスができた大阪の茨木市は、東京23区や大阪の中心部(梅田など)と比べれば程よく田舎であった。駅からそう遠くない場所に広大な緑地エリア(万博記念公園)があったり、車で15分程度走れば里山風景が広がる山間部に行くこともできる。そのような場所なので、キャンパスからそう離れていないところでも手頃な物件がかなりあり、私もキャンパスのすぐ近くのマンションに住むことができた。住む場所は職場から離れていた方が気分のリフレッシュにもなり良い、という意見もある。ただ、私にとっては、通勤時間がほとんどかからないことは一つの理想である。

15・2 大学教員を目指すうえで支えになったアドバイス

大学教員になるまでの道のりでは、「本当に自分は大学教員になれるのか」と、不安も多かったが、いろいろな方に進路相談をさせてもらったり、またアドバイスを頂き、励まされることも多々あった。大学教員を目指すうえで支えになったアドバイスをいくつか紹介する。

◆支えになったアドバイス

「好きなことを思いっきりすればいい。それが研究になるのだから。」

これは私が大学生（学部1年生）の頃に、宮城県金華山島でシカの調査ボランティアに参加した時に、とある大学の先生が言っていた言葉だ。私への言葉ではなく、その先生が別のボランティアの学生に話していた言葉を私は盗み聞きしただけなのだが。この言葉は研究とはどうあるべきかを示している。研究をするうえでは、まずは好きなものや興味を掻き立てられるものがあること、飽きずに調査を続けられるテーマがあるとが大事だろう。そうでないと研究は長続きしない。長続きしなければ研究は形にはならない。好きなことをとことんやり続けることこそが研究なのだ、ということを教えてくれた言葉である。

「不必要に他人を批判するようなことを書いてはいけない。今後のことを考えても、不必要に敵を作らない方がいい。」

若いうちは、少しでも自分のことを知ってもらうために、または自分自身の存在感を示したくて、ものを執筆する際に、必要以上に強い口調で批判的なことを書いてしまうことがあるかもしれない。論文審査・査読においても、「評価者・査読者が若手であるほど、張り切って批判的な評価をする傾向がある」という話をよく聞く。思い返せば、私自身も多少その傾向があったのかもしれない。

大学院生修士課程の時、とある学会誌に、某シンポジウムに参加した感想レポートを書くことになったのだが、冒頭の言葉「不必要に他人を批判するようなことを書いてはいけない…」は、その時に執筆内容を添削してもらった研究者（学会誌編集委員）の方に言われたものだ。敵を作る気など全くなかったのだが、きっとシンポジウムで講演していた大学の先生の話の内容に、当時の自分は全く賛成できなかったのだろう。批判的な感想レポートを書いていたのだと思う。そしてそれは、「批判することこそが研究者としては大事だ」と当時、勘違いしていたことにもよるだろう。この方にこう言ってもらって、角が立たないような書き方・内容に添削してもらったことは、今思えば本当に有難かった。ものを書く時に限らず、人付き合いにおいても「不必要に敵を作らない」という考えは重要だ。研究・科学の世界であっても、就職活動、共同研究、助成金の申請などあらゆることが、人付き合いから成り立っているからだ。

前節で書いたように、二年間で合計20の大学の教員公募を受けたが、その中で、二次選考まで進んだ4大学の共通点は知り合いの先生がその大学にいたということだ。学会等で何度もお会いしたことがあり、話したことがある、つまり私のことをよく知っている先生が応募した大学・学部にいたのだ。二次選考に進んだ東京の国立大学は、すでに書いた通り、面接官の半分程度は知っている先生だった。東京の私立大学も、専攻分野（英語教育）は私の専門とだいぶ違ったが、その大学に私のことを大学院生の頃よりいつもサポートしてくれ、また共同研究をずっと続けてきた先生がいた。関西の国立大学も私のことを知っている先生が応募した研究機関にいた。そして、就職した私立大学に関しては、前任者であり私に助教のポストを紹介してくれた先生が、学会でよく会ったり、共同研究もしていた方だった。

知り合いの先生がどのくらい選考委員の先生に助言をしてくれたのか、またはそもそも知り合いの先生こそが選考委員だったのか、はたまた知り合いの先生は選考過程に全く関与しておらず、純粋に私の業績だけで書類選考を通過できたのか、本当のところは分からない。しかし、大学としても選考委員としても、学会での態度がものすごく悪い研究者や、とても失礼な人柄で有名な人をあえて採用したくないだろう。今、私自身大学で人事・教員選考に携わるようになり、やはり「信頼できる人」に来てもらいたいと思うし、すでによく知っている人であれば安心だというのは事実だ。どの世界でもそうだろうが、建設的な人付き合いができるかどうかは様々な局面で重要なのだろう。

「長い時間かけてじっくりと寄り添い続けることが大事なのではないか。相手の話をしっかり聞くこと、つまり傾聴こそが大事だ。」

メンタリングについて学んでいたポスドクの頃に、メンタリングセミナーの先生から言われた言葉だ。「じっくり寄り添うこと」、これは学生指導の時に特に大切だろう。学生が教員のことを信頼し、教員に心を開くかどうか、そして学生が教員の話に心から耳を傾けるかは、結局のところ、その教員が本当に学生のことを思い、寄り添ってきたかどうかにかかっているとも思う。大学生は自分で考え、行動できるという意味においては、もう立派な大人だ。学生は「教授」という肩書きがあるから信頼するわけではなく、その教員の日ごろのふるまいや、自分の話に耳を傾けてくれているかどうかを見たうえで、最終的に信頼に足る人なのか判断するものかもしれない。その教員の授業を取っている限り、またはその教員のゼミ・研究室に所属している限り、教員と学生は一定期間、離れられない関係にある。しかし心の距離は、教員の一つの言動（失言？）によって急速に離れていってしまうこともあるかもしれない。そして教員はいったん信頼を失ってしまったら、どんなに一所懸命、学生に声をかけたとしても、また正論を述べたとしても、そして何かを伝えようとしても、学生にはもう聞いてもらえないかもしれない。一度学生の心が離れてしまったら、有意義な教育・指導はなかなかできないだろう。

大学の先生は立場が上、学生は立場が下かと言えば、そんな単純なことではない。教員も学生も、一人の人間であり、教員は大学生を一人の大人として接するべきだと思う。だからこそ学生が何かを伝えようとしてきた時は、または悩みを相談してきた時は、教員は一所懸命傾聴する（相手の話をじっくり聞く）ことが大事だろう。

数人規模の少人数ミーティングの際に、自分のパソコンを持ってきて、メンバーが説明をしている時に、ひたすらパソコンで作業をしている大学教員や研究者を時々目にする。例えば学生団体、事務室、教員との三者面談で、学生代表や事務室の職員が何かを説明している時に、目を合わせることもなくずっと自分のノートパソコンでカチカチと作業をしている教員や研究者だ。「何も話を聞いていないのかな」と思った矢先、説明が終わったらすかさずその教員がパソコンの作業を止め、「質問・コメントが二つあります」と発言したりする。ミーティングに参加していた一メンバーとして私が感じるのは、話を聞いていたかどうかだけではなく、話を聞こうとする姿勢・態度も重要なのではないか、ということだ。その教員といえども、もし自宅で自分の息子に何か説教する時に（5歳程度の子供が何かいたずらをしたとしよう）、自分が話している間、息子がずっとスマホを見ていて、話しを聞いていないように見えたら、さすがに怒るだろう。「それが人の話を聞く態度か？」と。息子は「聞いてるよ」と言うかもしれないが、「まずはその態度を直しなさい」と思うだろう。

「人の話を聞く時はちゃんと相手の目を見て聞きましょう、失礼な態度はとらないようにしましょう」。誰だって多分小学生の時に学ぶことだろう。ただ年を重ねると、それができなくなってしまう人もいるのかもしれない。冒頭の「寄り添う。傾聴する。」は、初心に戻ることの重要性を教えてくれる大事な戒めだ。まさに大学教員こそ実践すべき心得のような気がする。

◆その他のアドバイス(!?)

役に立ったアドバイスだけ紹介していれば、きれいな話でまとまるのだが、全く自分にとって支えとならなかった言葉、つまり役に立たなかった言葉も案外覚えているものだ。その多くは、年配の方から頂いたアドバイス(!?)であったと思われるが、実際の大学の現状や求められていることなどを反映した言葉ではなかったがため、残念ながら役に立たなかった。いや、その言葉の間違いを実証するために、その後、私自身より一層研究・教育に励んだことを考えれば、それらの言葉は大いに役に立ったのかもしれない。

「大学院を卒業して、すぐに大学の教員になろうなんて考えないでほしい。様々な職場(行政、企業など)で経験を重ね、もっともっと年を重ねてから大学の先生になればいい。若いうちに大学の先生になっても何も教えられない。」

一見正しいようにも聞こえるが、今思えばこれは大学教育の現状や学生が教員に求めていることを必ずしも理解していないうえでの発言であった。大学がもし「年配の先生が一方的に自分の知識や経験を学生に講義し」、そして「学生はそれを一方的にノートに書きとる」ような、一方向の教育が行われる場であるならば、先生は単純に知識や経験がより豊富な(そして多くの場合、年配の)方が良いかもしれない。しかし一昔前の日本の大学では、このような一方向の講義が多かったかもしれないが、今ではこれは意義のある教育の姿またはは教育方法とはかけ離れていることが分かっている。

図1と図2は大学生の授業に対する満足度を、教員の年齢や職位に応じて比較分析した、とある研究の成果だ。**若い教員の方が学生の満足度が高い**ことが一目瞭然だ。そして、教授よりも、助教授（今でいうところの准教授）、助教授よりも講師の方が学生の満足度が高いことも分かる。「授業への満足度」はそのまま学生の「授業内容の理解度」、「新しいことを学べたという達成感」、更に「授業へのモチベーション」にも影響を与えると言われている。簡単に言えば、学生の満足度が高い授業をしている教員ほど、効果的で良い授業をしている優秀な先生と言えるのだ。先行研究の結果を持ち出すまでもなく、これは実際に大学教育の現場にいれば常日頃見聞きすることだ。学生間対抗の研究コンペティションを開けば、若手の教員（例：助教）の指導を受けた学生が優秀賞をとることはよくある。

図1や図2のようなことがなぜ起こるのか？これらの結果をまとめた東海大学教育研究所 所長 安岡高史教授

図1 学生の授業評価と教員の年齢の関係性 (1)

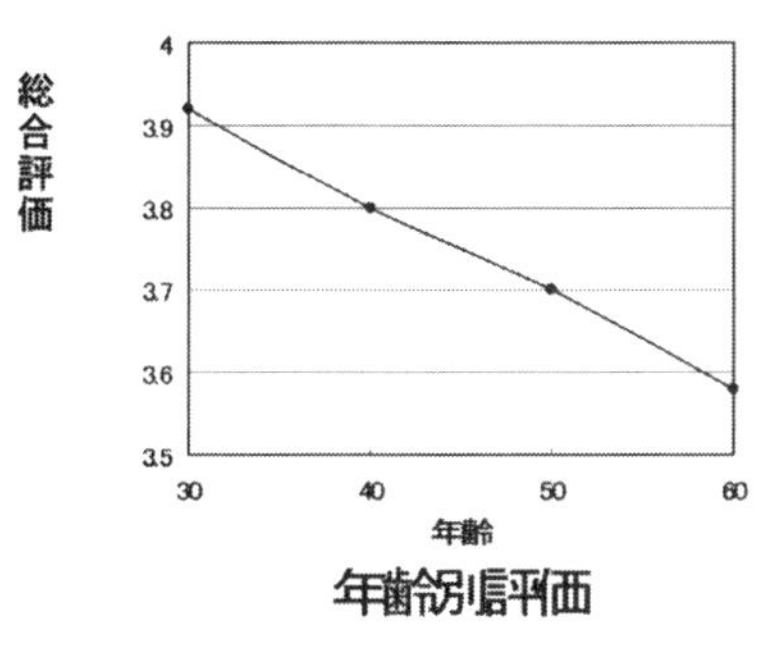

図2 学生の授業評価と教員の職位との関係性 (1)

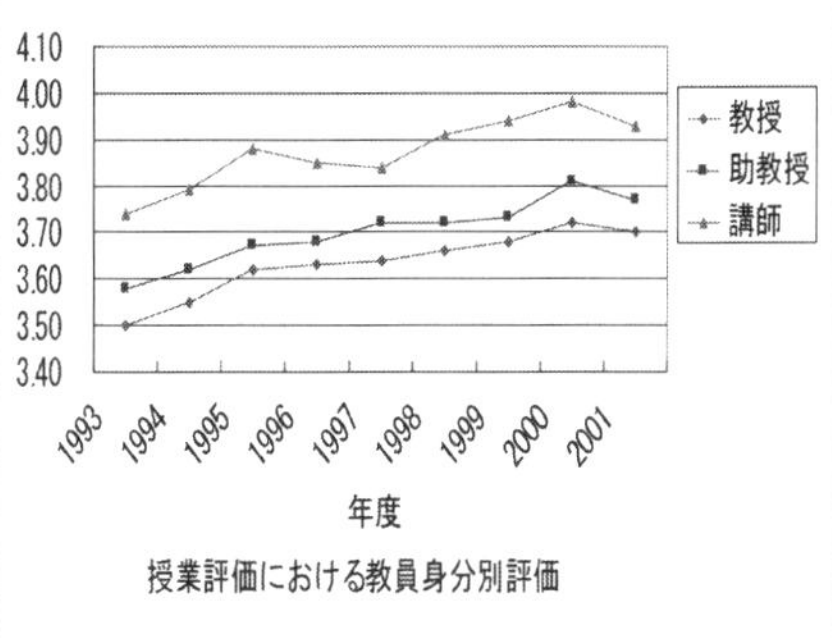

(1) 中央教育審議会 大学分科会 大学教育部会第7回配布資料.
(https://www.mext.go.jp/b_menu/shingi/chukyo/chukyo4/015/gijiroku/06101201/002.pdf)

（当時）は、教員は年齢が高いほど、学生が「理解できない言葉を多く使用する」、「話し方が単調になる」、「同じことの繰り返しが多くなる」、「学生に興味を示さなくなる」、「質問しにくい雰囲気が強くなる」傾向があるからだと解説している。一方若い教員は「生徒がどこを教えてほしいか理解している」、「比較的明るい雰囲気で授業をしてくれる」、「学生の気持ちを理解しながら話してくれる」、「話題の共通性があり、心が通じやすい」傾向があると安岡教授は述べている。

多くの大学教員が着任時、つまり最初はやる気やモチベーションが高いものかもしれない。若い方が馬力／エネルギーがあり、熱血指導ができるのかもしれない。若い方が、学生との年齢差が少ないので、より学生の気持ちを理解したうえで、的確な指導ができるともいえる。

特に最近はアクティブ・ラーニングが重視されるようになった。一方的に教員が講義をするようなやり方では生徒にとっての教育効果が少ないことが科学的にも明らかになり、学生が主体的に学べる環境を作ること、そして学生が能動的に学びに携わることができる学生と教員との双方向型授業、つまりアクティブ・ラーニングが求められるようになったのだ。以上の点を踏まえると、冒頭の「年を取ってから大学教員をやればいい」という発想がいかに偏った考え方か、そして大学教育の在り方や効果的な教育法について理解していないうえでの発言なのかが分かる。若くても大学教員になりたければ、目指せば良いし、図1と図2を見る限り、学生の満足度が高い最高の授業ができるのは若いうちだけかもしれない。もちろん、そうであってはならないので、教員は若手であろうと年を重ねていようと、学生と一緒に日々学び成長してゆこうとする姿勢を持ち続けることが大事なのだろう。

「あなたのような学生には留学はしないでほしい。」

留学に向けていろいろと準備をしていた学部4年生の時に、大学のとある先生に言われた言葉だ。当時私は米国の大学院という新しい環境で、自分がやりたかった新しい分野について思う存分勉強ができるという期待とやる気でいっぱいだったが、この先生にはその気持ちが伝わらなかったのだろうか。「アジアの他の国からの留学生は、もっとやる気と覚悟をもって留学をしている。日本から留学しようとする学生にはその覚悟が感じられない。」といったようなことを話したうえで、この先生は冒頭の言葉を言っていたような気がする。

今、大学教員になって実際に学生を教える中で思うことは、「学生がやりたいことがあり、それに挑戦しようと覚悟を決めた時に、それを押しとどめるような教員であってはならない」ということだ。そして「学生が勉強したいことを見つけ、新天地で頑張ろうとしている時に、それに不必要にブレーキをかけるような教員であってはならない」ということでもある。もちろん、学生の身に危険が及ぶような、例えば紛争地帯に行こうとしているのであれば、その学生の身を案じて押しとどめようとすることもあるだろう。ただ、その分野が最も進んでいる国に留学し、「最先端の知識や情報を学びたい」、更に「留学先で学んだ知識を帰国してから日本で活かしたい」といった目標を持っている学生に、「留学するべきではない」と止める理由があるだろうか。そんな学生の背中を押し、全力で目標の実現のためにサポートすることこそ教員に求められているのではないだろうか。

「留学しても何の価値があるのか。情報なら今の時代、ネットで全て手に入る。」

ある程度の期間（半年〜数年）、留学をしてきた友人や学生をたくさん知っているが、留学したことを後悔している人は見たことがない。目標を持って留学し、新しいことにチャレンジしてきた人の中で、冒頭の言葉のような、「留学に価値がなかった」、なんて言っている人は見たことがない。むしろ逆だ。留学先で何かに全力で取り組んだ人は、新しい世界を見て経験し、視野を広げ、一回りも二回りも成長して帰ってくる。インターネットなどでは手に入らない唯一無二の経験ができるからこそ留学には価値があるのだ。

私の場合は、アメリカに留学し、人生が変わった。日本では当時学ぶことができなかった新しい学問や概念・手法を学び、それまで日本では出会ったことがなかったような魅力的な教授や尊敬できる研究者・大学院生と出会い、大いに刺激を受け、自分の考え方やものの見方すら変わった。帰国後、日本の現場で県や市など行政との共同研究をさせてもらい、自分がアメリカで学んできた研究手法が日本でも応用できること、そしてアメリカで学んだ研究アプローチを用いて日本で起きている野生動物問題の解消のために貢献できることを実感した。アメリカに留学したことが正しい選択であったことを確信した。

海外の研究室の雰囲気、議論の熱量、第一線で国際的に活躍している研究者の人間性。これらはどれも、とてもインターネットなどでは学べないことであり、本物を知りたければ、実際に会って話して体験するしかないのだ。

「留学に価値があるのか」などと言う人は、自身が留学したことがない（あるいはしたくてもできなかった）人であることが多い。多少の妬みやうらやましさがあっての発言であるようにも感じる。この本を読んでいる若者が、もし本気で留学したいと思ったなら、全力で目指すべきだろう。その時に、もし周りに「留学なんてしなくていい」と、自身のやる気を阻害するような先生がいたとしたら、できればそんな先生とは関わらない方がいいだろう。

『好きなことを思いっきりすればいい。
それが研究になるのだから。』

第二部

”大学教員になったその後“

編

Part2 16章

大学教員の仕事環境

16・1 日々の仕事内容

大学教員とは、実際どのような生活を日々しているのだろうか。大学教員の日々の過ごし方や仕事の量などは、職位（立場）、大学の規模、また国などによっても違うだろう。ただ仕事内容などは多かれ少なかれ共通している部分もある。以下は自分の現状と経験をもとに大学教員の日々の生活を書いてみたが、実際他の大学の先生も多少似たような生活をしているのではないかと思う。

・私立大学准教授（文系）のとある一日の例

学期期間中：春学期4月～7月及び秋学期9月～翌年1月（授業日の例、会議は無し）

9：00～10：30　授業
10：40～12：00　授業後の作業や次の授業に向けた準備
12：10～12：50　昼食
13：00～14：30　授業
14：40～16：00　授業後の作業や次の授業に向けた準備
16：00～18：00　研究活動［データ分析、論文執筆、調査に向けた準備など］、学生との面談［研究指導など］

大学では一つの授業／科目をコマと呼ぶことが多く、一回の授業は通常90分である。右の例では授業が午前と午後の二コマあると仮定しているが、もっと多くの授業がある日もあれば、もっと少ない日もある。学内や学外の役職や業務などの事情により、稀に朝から夕方（夜）まで授業をしていることもある。私の大学では、常勤（任期無し）の教員（准教授、教授）は年間で最低10コマの授業を持つことになっている。単純計算で一学期（半期）5コマの授業になり、それらは例えば講義科目を2科目、ゼミ・研究室を1科目、一回生対象の基礎演習を1科目、大学院科目を1科目の合計5つである。あくまで「最低」年間10コマの授業であり、実際のところはそれよりも多くの授業を持つことが多い。またゼミ・研究室は1科目と書いたが、研究を始めたばかりの学部3年生と卒業論文を提出しなければならない学部4年生では進捗状況が大きく異なり、同時に授業することは難しいので、学年ごとに分けて別々の授業を開講することも多い。そうすると3年生ゼミで1科目、4年生ゼミで1科目といった具合で、合計2科目（週3時間分）の授業をすることになる。大学院科目も同様に、週2科目分（3時間）を教室で研究指導することが多い。

つまり一学期（半期）で最低5コマ（年間10コマ）といっても、通常は1学期7～8コマ（あるいはそれ以上）の授業を受け持っていることになり、学期中は毎日複数の授業をしていることが多い。一般的に私立大学の方が国立大学よりも、教員が受け持つ授業数が多い。文部科学省の学校教員統計調査(1)の結果を見ても、例えば国立大大学の准教授は平均で週6・5時間授業をしているのに対して、私立大学の准教授は週9・3時間授業をしており、かなりの差がある。実際に国立大学の先生と話して内情を聞くと、確かに自分より教えている授業数が少ないことが多い。多く授業をしているということは、単純に考えると、私立大学の教員の方が国立大学の教員よりも研究に割ける時間は少ない、ということを意味している。

では、一学期に毎週7つほどの（つまり合計10・5時間の）授業を受け持つことは大変なことなのか?「大変だ」と不満を言っている大学教員はよく見かける。とても優秀な研究者であるものの、「大学で授業をしたくないから」、「研究に専念したいから」という理由で大学教員にはならず、研究機関で働いている人も結構いる。「授業をしたくない」、「教育には携わりたくない」、「研究に専念したい」という研究者は、研究機関が向いているだろうし、大学を選ぶのであれば私立大学よりは国立大学が向いているだろう。

上述の一日のスケジュール例の通り、実際は授業をしている時間だけでなく、授業をするための準備やレポートの採点などの事後作業に多くの時間がとられる。一つの授業をするために、少なくともその数倍の時間を準備に費やす必要があると言われている。90分の授業をするためには、例えば270分（4時間半）程度の時間をその講義の準備にかける必要があるということになる。「学生にどのような情報を提供するか」、「どのように伝えるか」、「どの文献を読ませるか」、「どのような宿題を課すか」。これらの問いへの最適な解を見つけるためには、教員は膨大な量の文献を読み、講義資料を作成し、授業の準備をする必要がある。日々新しい研究成果が発表され、新たな論文が発行されていることを考えれば、一度講義資料を作成した後も、常に最新の情報・データ・資料をもとに内容の改善を続ける必要があるだろう。授業でレポートを課したり、テストをすると、それらの採点や、更に一人一人の学生へのフィードバックやコメントを作成する事後作業も必要になり、授業前の準備と授業後の作業などを同時に行ってゆく必要がある。つまり一言でいうと、「良い授業をしたいなら、授業準備にどれだけの時間を費やしても足りない」ということだ。これらを踏まえて、先述の「一学期に毎週7つくらいの授業を持つことは大変か?」という問いを考えてみると、答えは「大変だ」、ということになる。ただ教員として最もやりがいを感じる瞬間が「授業」であり、「授業中の学生との対話・

ディスカッション」であることを踏まえれば、また「良い授業をするためには、良い準備が必要である」ことを考えれば、授業及び授業準備に多くの時間がとられることは、本望である。
また、授業の内容・形態によっても準備にかかる時間が変わってくる。例えば90分間、講義をする形式の授業（数百人の学生が受講する大教室での授業など）であれば、かなりの量の資料・情報を準備する必要があるが、ゼミ・研究室は、学生が毎週研究発表をして、教員はそれらの資料に事前に目を通し、適宜コメントをするという授業形式であれば、準備にかかる時間も変わってくる。先述のスケジュール例では、夕方に「研究」の時間が入っているが、実際のところは、学期中は授業準備や授業後の作業などで一日が終わることも多く、研究の時間をほとんど持てないこともある。

学期期間中（授業が無い日の例、会議は有り）
9：00～11：00　授業準備
11：00～12：10　会議資料の準備
12：10～13：00　会議：ゼミ運営に関する委員会（昼食を食べながら）
13：00～14：00　授業準備
14：00～16：30　教授会
16：30～17：20　会議：学部が発行する紀要に関する委員会
17：20～18：00　研究活動［データ分析、論文執筆、調査に向けた準備など］、学生との面談［研究指導など］

大学教員であれば、当然ながら学部・大学の運営にも携わることになる。私の大学では任期付きの助教は教授会などの会議への出席は義務付けられていないが、常勤（任期無し）の教授・准教授は教授会に出席するとともに、学部・大学運営に必要な様々な委員会の会議にも出席する。任期付きの助教の担当授業数は、基本的に年間6コマで、常勤（任期無し）の教員よりも少なく、従って比較的、時間に余裕がある。「任期付き」なので、一定の期間が終わると雇用関係がなくなってしまうため、任期中に次のポストも探さなければならないわけだが。

私の大学では教授会は基本的に二週間に一度行われる。一般的に常勤の教員はそれぞれ様々な委員や役職を担当しており、学部運営の一翼を担っている。例えばゼミ／研究室運営に関する世話人（プログラムマネージャー）になった年は、ゼミの運営に関わる会議を定期的に開き、担当教員に学期のスケジュール（例：学生が提出するゼミ論文の締め切り日、学生による研究発表会の日程）を伝え、ゼミの運営方針に関するあらゆることについて意見交換をする。その他、例えば学部で発行している紀要（雑誌）の編集委員や入試担当委員など様々な役割があり、それぞれ担当になった際には会議を開いたり、ＷＥＢ上で意見交換をして、関係者と方向性を確認する。

最後に、授業期間外のスケジュールの例も書いておく。

授業期間外：7月下旬～9月中旬、1月下旬～3月末（授業は無し、会議も無し）
9：00～10：30　論文Aの執筆

10：30〜12：00　書籍の執筆
12：00〜13：00　昼休み（昼食）
13：00〜14：00　データ分析や次のフィールド調査に向けた準備
14：00〜15：00　論文Bの査読対応
15：00〜16：00　助成金の申請書類の作成
16：00〜17：00　学会発表に向けた準備
17：00〜18：00　新学期の授業準備

私の学部ではゼミ／研究室の合宿を夏休みなどの休暇期間に行う教員が多く（私も夏休みはゼミ合宿をしている）、また海外などのフィールドに調査に行く演習科目も休暇期間に行われる。しかし、そういった合宿やフィールド演習などの特定の科目以外は、授業期間外の7月下旬から9月中旬及び1月下旬から3月末までの間は、授業は行われない。また入試の採点などの業務もこの期間（例：2月）に行われることが多い。入試の採点担当になると、一週間弱、缶詰め状態で朝から夕方まで採点を行ったりする。

教授会や各種委員会の会議などが授業期間外に開催されることはあるが、上のスケジュール例で示したように、この期間は終日、授業も会議もないことはよくある。この期間に大学教員は思う存分、研究を進められるわけだ。この期間に、国内外にフィールド調査や学会の大会などに出かける教員が多い。

活発に研究活動をしている生産的な研究者であれば、通常複数の研究プロジェクトを同時並行で進め、複数の論文や書籍の執筆をしていることだろう。原稿の執筆以外にも、例えば学会誌に自身が投稿した論文の査読結果が返って来れば、その対応及び論文の修正を行う必要がある。また研究を行うためには多くの場合、当然研究費が必要なので、常に助成金の申請なども行い、現在行っている、また将来行う研究費の確保に努める必要がある。学会発表を予定していれば、当然その準備も必要だ。

学術的に価値のある研究を続け、論文を生産し続け、海外の研究者とも共同研究を進め、助成金など研究費も確保するなど、研究者として高いパフォーマンスを発揮し続けるためには、時間はいくらあっても足りない。上のスケジュール例で示した通り、終日、研究に専念できる日があったとしても、やるべきことは多すぎるのが実情だ。

16・2 フレキシブルな働き方ができる大学教員の特権

前の節で、大学教員の一日のスケジュールの例を書いた。大学教員は授業時間には当然授業をする必要があり、会議があれば出席する。ただ、それ以外の時間は、基本的にはどこで仕事をしていようと自由であることが多い。これこそが大学教員の特権だろう。やるべき仕事をしっかりしていれば、大学教員は多くの場合、何時に大学に来ても良いし、何時に帰っても良いといえる。（全ての大学がそうであるとは言えないが。）

企業であれば出社時間に遅刻したら上司に叱られるかもしれないが、大学教員の場合、9：00からの自分の授業に遅刻してしまっても、すぐに誰かから叱られる、ということがあるのだろうか。授業や会議に遅刻していては人／大人として駄目だと思うが、やるべき仕事をしっかりこなしながらも、かなりフレキシブルな働き方ができるのが大学教員だと思う。私は今、毎朝子供を幼稚園に連れて行ってから大学に行く。キャンパスの近くに住んでおり、幼稚園も近いため、8時半に子供と家を出て幼稚園に行き、それから大学に向かっても十分9時に間に合う。スケジュール例では、18時まで仕事をしているように書いたが、何時まで仕事をするかは自分が決めることなので、もっと早く帰っても良い。一方、研究室にマットを設置し、泊りがけで研究をしている教員も見たりする。私は子供と風呂に入ることが一日の楽しみなので、夕食前に子供を風呂に入れるため、18時に仕事を終えるようにしている。

夏は、子供とプールに泳ぎに行くため、17時過ぎには仕事を終え、帰ることも多い。市のプールの最終入場時間が17時半なので、17時過ぎに大学を出て、自宅に一度戻り、子供と泳ぎに行く。

例えば妻の体調が悪かった時は、授業や会議さえなければ、いつでも家に帰ることが可能だ。そんな日は、幼稚園に朝、子供を見送った後、お昼過ぎに、妻に代わって子供を迎えに幼稚園に再び行く。幼稚園に通園する周りの家庭を見ると、朝の子供の送りは大半が母親が担当していて父親が見送りしていることは少ない。私の場合、朝の見送りに加え、日によっては午後の迎えも行うので、周りの主婦から不思議そうな顔で見られることがある。おそらく「この人は何の仕事をしているのか？そもそも仕事をしているのか？」と不思議がられているのだと思う。朝の幼稚園の見送りをして、時々、午後の迎えもして、更に夕方には子供とプールで泳いでいるわけだから、「フリーター」や「ニート」と思われていても仕方がない。

世の中を見回しても、大学教員ほど自由でフレキシブルな働き方ができる職種はあまり多くない、と思う。一般的な企業や行政での働き方と比べればその違いは明白だろう。「大学教員は大変だ。忙しい。授業もして、研究もして、研究費も自分で確保しなければならない。」と嘆いている先生を見かけるが、贅沢な悩みだ。大学教員ほど時間を自由に調整しながら仕事ができる職種は少ない。だからこそ大学教員は、その恵まれた環境に甘えてはならないだろう。最高の授業・教育ができるように、そして最先端の研究にチャレンジし、研究論文を定期的に国内外に発表できるように努力し続けなければならない。そのためには自分に厳しく、常に精進していかなければならない。大学教員とはそのような職業だと思う。

(1) 文部科学省．2007．学校教員統計調査．(https://www.e-stat.go.jp/stat-search/database?page=1&layout=datalist&stat_infid=000002847701)

Part2 17章
大学教員という仕事のやりがい

実際に大学教員をしていて感じる、この仕事のやりがいとは何か。それは、まず学生と関われることであり、学生のエネルギー、柔軟な発想力、行動力からたくさんの刺激をもらい、学生とともに成長できることだ。学生は私にとっては、いつでも良い刺激を与えてくれる存在で、授業をしていても、学生とのコミュニケーションが楽しくてたまらない、というのが率直な気持ちだ。特に少人数の、学生とたくさん議論をするような授業ではなおさらだ。大学は多くの若者にとって社会に出る前の最後の教育機関といえる。どのような企業で働くかなど、社会に出た後の人生の歩み方について考え、決断する大事な時期だ。学生にとっての人生の大事な時期に携わることができる大学教員という職業はやりがいに満ちあふれている。

教育者としては、入学当初はまだ幼かった学生が大学生活を通して、たくましく立派な人間になっていく姿を見ることはまさに感無量だ。一見頼りなかった学生が、その後、学生団体をまとめるリーダー的存在になったり、一つのレポートを書くことにも苦労していた学生が執筆力・表現力を磨き卒業論文を書き上げる姿を見るのも幸せなことだ。

社会人となった卒業生と会うことは、いつでもその成長ぶりに驚かされる。彼ら彼女らは大抵私が想像しなかったくらいに立派に成長していて、社会で活躍している。特定の分野のスペシャリストになっていたりもする。卒業して学生は「大きく羽ばたく」のである。

第9章で日本の大学や大学院では、「教授が師匠、学生・院生は弟子」と考えるような文化が少なからずあることを書いた。しかし、大学や大学院は、教授が自分の弟子を育てる場所なのだろうか。自分と同じような考え方・主張をするような、いわば自分のミニチュア版を育成する場所なのだろうか。私はそれは違うと思う。学生・院生を自分と同じような考え方を持ち、同じような主張をするような人にしてしまったならば、それは指導者として失敗だとさえ思う。人それぞれ当然考え方は違うもので、学生の数だけ研究への向き合い方も異なり、彼ら彼女らの興味関心も多様だ。私のゼミに入ってきた学生で、趣味が「写真撮影」だという者がいた。先輩学生を見習い、学部でよく行われてきたような研究を卒業論文のテーマに取り組んでいたが、私はある時、思い切って彼女に「せっかく好きなことを研究テーマにできるのだから、大好きな写真撮影を卒業論文のテーマにしてはどうか」と提案した。本人は最初は写真撮影が研究のテーマになりうるのか、疑心暗鬼であったようだ。ただ社会調査・社会学の質的アプローチの一つとして、フィールドで撮影した写真を分析する研究方法があることは知っていたので、そういった研究アプローチがあることを伝え、あとは本人に任せたところ、同学生はその研究にのめり込んでいった。最後は自身が撮影してきた写真を分析する、とても独創的で魅力的な卒業論文を完成させた。

若者は可能性に満ちあふれており、指導教官の限られた考え方や発想なんて飛び越えて、自身が最もやりたいテーマで研究をするべきだろう。きっと指導教官が想像すらしなかった成果を生み出すはずだ。そうやって学生は指導教官を踏み台にして羽ばたいていくべきだろう。

大学教員の大きな役割の一つが研究をすることであるが、自分の努力次第でいくらでも学術的にも社会的にもインパクトのある研究ができることは、この仕事のもう一つのやりがいである。これまでになかったような新しい研究を考え、それを形にできることも研究職の魅力だ。そして学術的にも社会的にも価値のある研究を行い、成果を出せるかは自身の能力次第だ。研究者の世界はそういう意味では能力主義なのかもしれない。その気になれば、その分野で世界的に最も有名な、または権威のある先生・研究者と共同研究ができる（彼ら彼女らが一緒に研究するに値すると感じる魅力的な研究テーマを提案できれば）。世界最先端の研究機関に留学しても良いだろう。大学教員になったら、誰かに「この研究をしなさい」と指示されることはほとんどないだろう。逆に言えば、一人前の研究者になったら、誰も「この先どんな研究をしたら良いか」などと指導してくれない。そういう意味において、大学教員という仕事は、「人に指示されたい人」、「やるべきことを逐一上司などに教えてもらいたい人」には向いていないだろう。研究者・大学教員とは、自分の発想力と行動力を武器に自由かつどん欲にチャレンジしていきたい人にとってこそ最高の職業なのだと思う。

研究業績、つまり論文や本は、理論的には半永久的に世界に残る、というのも研究職の魅力の一つだ。おそらく企業等で働いていると、自分がした仕事の成果は社会的にはその企業の成果となることが多いのではないか。研究者の場合、その人の名前とともに成果が世に残る。つまりその論文は執筆者の業績であり、その個人の成果だ。英語で国際誌に掲載された論文は世界中の人が読み、良い論文であれば、長年にわたって読み続けられ、他の研究の参考になる。良い論文は、他の研究者が参考文献として引用するので、その研究の影響力が存在し続けるのだ。こんなにやりがいのある仕事はそうそうないだろう。

Part2 18章

大学のおかれている状況、そして未来へ／何が求められているのか？

18・1 今後の志願者数から考える日本の大学の未来

今の日本の現状を見れば大学の未来が明るいのか暗いのか、答えは簡単だ。少子高齢化により子供の数は減少しており、従って大学に入ってくる学生の数も今後減少していくと考えるのが自然だ。それに対して全国の大学の数は１９８９年度の４９９校から２０１８年度には７８２校となり１・５倍近く増加した。２００８年頃には大学入学希望者数が入学定員数を下回る「大学全入時代」に入ったと言われている。子供の数は年々減ってゆくにもかかわらず大学の数は増えている、または減らないとすれば、今後何が起きるかは容易に想像がつく。つまり定員割れする大学も出てくるだろうし（現にすでに定員割れの大学は全国に少なからず存在する）、経営的に成り立たなくなる大学も増えてゆくだろう。

もちろん大学もそれぞれ様々なアプローチで生き残ろうと画策している。例えば、社会人学生を多く受け入れたり、シニア層などを対象にした講座を用意している大学もある。学部に入学する一般的な年齢である18歳の人口は減っていくので、すでに社会に出ている、または定年退職した人の第二の学びの場として大学を位置づけるという方針だ。

もう一つは、地域発展の一つの拠点として大学を位置づけるという方針だ。特に地方の大学で多いと思われるが、近辺に住む学生に積極的に入学してもらうとともに、地域に開かれた大学を目指し、地元の企業なども連携を深めるという方針だ。その地域になくてはならない存在に大学がなることを目指している。

そしてもう一つが、留学生をたくさん受け入れ、大学自体を国際化させてゆくというものだ。私の所属する学部も留学生の受け入れに力を入れている。四年間、全ての授業を英語で行い、学位を取得することができる英語基準プログラムを２０１３年からスタートさせたのだ。同プログラムの学生のほぼ全員が、日本以外の国出身の留学生である。通常の日本語プログラムでは、大幅な志願者の増加は見込めないが、この英語基準プログラムは設置後、志願者数は毎年増えている。海外に目を向け、海外から学生を募れば、まだまだ日本の大学にはニーズがたくさんあることが分かる。

18・2 研究力から見る日本の大学の未来

日本の大学の現状を理解するうえでもう一つ重要なことは大学の研究力だ。研究力は、その国において1年間に発表される論文の数、人口当たりの論文数、他の研究者によって多々引用される質の高い論文（例えばＴｏｐ10％論文と呼ばれたりするもの）の発行数などから客観的に測ることができる。そして、日本の大学の研究力については、書店に並んでいる本を見れば大体のことが分かるだろう。「科学立国の崩壊」(1)、「科学者が消える」(2)といったタイトルの書籍が山積みされているからだ。本の内容を読まなくても、タイトルだけでいかに、日本の大学の研究力が危機的な状況であるかがうかがえる。

大学を客観的に評価するための指標として世界大学ランキングがあり、その中でも特に有名なものが英国教育専門誌『Times Higher Education（THE）』の「世界大学ランキング」で、「教育」、「研究」、「論文被引用」、「産業界からの収入」、そして「国際性」の5分野から各大学を評価している。「研究」、「論文被引用」が評価軸にある通り、研究力がこの大学ランキングに影響を与えるわけだが、日本の多くの大学が年々ランキングを落としている。例えば東京大学は２０１１年は「世界大学ランキング」で26位だったが、２０１８年には46位に、京都大学は２００９年の25位から２０１９年には65位に、その他、大阪大学、東京工業大学、東北大学は、それぞれ２００９年次には１００位以内であったが、２０１９年にはそれぞれ２５１位から３００位のグループへと後退した(3)。世界大学ランキングは実施団体によって複数存在するが、いずれのランキングにおいても同様の傾向が見られるので、言い訳はできないだろう。

大学ランキングで順位を落とした理由の一つが研究力の低下であると言われている。例えば全世界の自然科学系論文数の推移を見ると、主要国（アメリカ、中国、日本、ドイツ、韓国、フランス、イギリス）の中で、日本のみが２０１３年以降、論文数が減っており(4)、他の研究者から引用される頻度の高いいわば「優れた論文」の数も２００５年以降減っている(5)。つまり量と質の両方で日本の研究発信力は落ちている。国の発展とともに、研究力が伸びている国が多く存在する中で、日本は研究力において他の国々に追いつかれ、すでに多くの国々に追い抜かれている。研究者は大学に所属していることが多いため、日本の研究力の衰えは、大学における研究力がなくなってきていることを意味している。

海外と比較せずとも、身近な学生を眺めていれば、今起きていることがなんとなく見えてくる。私の大学の英語基準プログラムに所属する留学生（多くは東アジアからの学生）は毎年半分以上が学部卒業後、大学院に進学をする。米国や欧州の有名大学の大学院に進学する学生も多い。大学院に応募する際に、ほとんどの場合、学生は指導教官から推薦状をもらう必要があり、私も毎年学生のために推薦状を執筆しているが、送り先は世界大学ランキングでもトップに位置する大学、つまりハーバード大学やスタンフォード大学だったりする。留学生は世界のトップの大学院に物怖じせずに応募してゆく。そして、実際にほとんどの留学生が応募した大学院（時には世界有数の大学院）に合格し進学するので、実力も伴っているのだ。

ひるがえって、日本語基準コースの学生（大半は日本人学生）はどうだろうか。現在、私の研究室に所属している学部生の中で大学院進学を目指している人は一人もいない。全員就職活動をしている。とても優秀で成績も良い学生が研究室に集まっているが、大学院進学を考えている学生は一人もいないのだ。なぜだろうか。もちろん、そもそも文系の学部では大学院に進学する学生は少ない、という一般的なトレンドもある。理系であれば、研究室に所属している学部生の多くがそのまま大学院に進むことはよくある。ただ、同じ学部、同じ専攻において、英語基準コースと日本語基準コースでここまで、大学院進学率が異なるのだ。

大学院に進んだ後の人生・キャリアは決して楽ではないかもしれない。研究者を目指してみたところで、日本では博士号をとっても常勤（任期無し）の研究職に就けない研究者が多くいることはすでにこの本でも述べた。私より年配で経験豊富な研究者で、いまだに、定職（大学教員などのポスト）に就けず、任期付きの研究員として就職活動を続けている方も少なくない。私自身、ポスドク時代に大学教員のポストを応募して、実際に不合格が続いた時は、将来がかなり不安になった。

博士号を取っても大学教員などの研究職に就けない人が多いことは、この国の社会問題にもなっている。日本では一時期、積極的に研究者育成を支援し、博士課程への進学を促進し、ポスドクなどへの奨学金も増やしたが、一方で肝心の大学教員などのポストを増やすことはしなかった。それが今になって、「博士号を取得したものの、大学教員のポストに就けない研究者があふれる状況につながっている」と、政策の失敗を批判している人も多い。

しかし、国の政策のことはひとまず、そもそも日本の大学は、そして大学教員は、これまで若者／子供たちに研究の重要さや大学教員のやりがいをどのくらい伝えてこれたのだろうか。小学生の将来就きたい職業ランキングで、学者は常にトップ5に入るほど人気であることを本書の「はじめに」で書いた。中学生の就きたい職業ランキングにおいても、学者は人気だ。それが大学に入る頃には、少なくとも文系の大学では、ほぼ全員が学者などという職業のことは考えず、企業や行政に就職しようというマインドになるのだ。小さい頃は学者になりたいと思っていた子供に、どんな変化が起き、学者を目指さなくなるのだろうか。

例えば私は小さい頃は絵を描くことが好きだった。動物とか恐竜の絵をたくさん描いていた。それがいつの頃からかほとんど描かなくなった。周りの友人に聞いてみても、同じようなことを言う。つまり絵を描いたり、踊ったり、歌ったりすることが好きだった子供の多くが、成長する中でそういうことを（特に人前では）しなくなるのだ。なぜだろうか。おそらく、他人と比較したりするなかで、「自分には絵の才能がないので、人前で絵を描くのは恥ずかしい。やめよう。」と自ら自制するようになることが多いのではないか。実際自分もそうだった気がする。絵を描くことは今でも嫌いではないが、笑われるほど下手なので人前で描くのはできる限り避けている。

同様に踊ったり歌ったりすることが好きでも、自分よりうまい人がたくさんいることを知って、「恥ずかしいからやめよう」、と思う人が割と多いのではないだろうか。つまり、小さい頃は「好き」という純粋な感情で考え、動いていたのが、成長し、他人と比較し始めたりする中で、「好き」だったことを自ら封印してしまう人もいるのかもしれない。「好きか」どうかより「うまい」か「自分に才能があるか」の方が重要になってしまうのだ。

研究室の日本人学生になぜ大学院進学を考えないのかと聞くと、一番多い回答が「自分はそんなに賢くないから」、「自分は勉強ができないから」というものだ。国内の大学の中でも、どちらかというと偏差値において上位に位置する大学の学生、更に、成績も学部の中で上位に入るような優秀な学生が「自分はそんなに賢くない」、「勉強ができない」と話すのだ。しかし、大学教員とは学生時代に一番優秀だった人だけがなる職業なのだろうか。

恥ずかしながら私は大学生（学部2年生）の時に、「社会学」という学部の全学生が受ける必修科目の単位を落とした。400人程度の学生が受ける大教室の講義だったが、「楽勝科目」と呼ばれ、1限開講（9：00〜）の授業だったこともあり、最初の講義から数週間後には多くの学生が授業に来なくなった。授業に来ていたのは実際の受講生の3分の1もいなかったかもしれない。そのような中で、私は毎週しっかり授業に出席し、前の方の席でノートを取り、期末試験の時には、何人かの友人から（彼らは授業に出ていなかったため）ノートを貸してほしいと頼まれた。友人は私のノートも活用し、試験勉強をして、無事単位を取っていたのだが、恥ずかしいことに肝心の私自身が期末試験で思うように点数が取れず単位を落とした。

当時の私にはこれはあまりにもショッキングな出来事で、その担当教授のところに、「なぜ自分が単位を落としたのか」を聞くべく、面談を申し込んだ。幸いこの先生はとても親切な方で、面談にも応じてくれ、私の期末試験の結果や不合格になった理由について解説してくれた。それは単純に「試験で書いた回答の分量が足りなかった」ということだった。書いた内容は決して間違っていないのだが、単純に量が足りなかったと言われた。この教授の説明自体が舌足らずではあったが、おそらく「回答用紙のスペースを十分に使わず、従って余白が目立ち、回答が大雑把な印象を受けた」ということをこの教授は言いたかったのかもしれない。「正解を書いていれば、無駄に分量を増やさなくとも、合格にするべきだ」と私は思うので、この教授の説明に納得したわけではないが、しっかり説明しようとしてくれた誠意には感謝している。翌年、私は同じ授業を1学年下の学生に交じって受け、期末試験では質より量という思いで当然たくさん書き、2年目に無事「社会学」の単位を取ることができた。そんな楽勝科目「社会学」を落とした私が今、大学で（広い意味での）社会学（社会調査技法や環境社会学など）を学生に教えているわけだ。

先日、知人の大学教員と話した際に、彼女も学生時代についてこんな風に話していた。「学生時代はあまり熱心に授業も聞いていなくて、成績もよくなかった。期末試験の点数も低く、その時に先生から『回答の分量が足りない』と言われた。そんな自分が今大学で学生を教えているわけだから、友人は驚いているし、何より自分自身が驚いている」と。

研究者や大学教員に求められるのは、「研究としてとことん向

小さい頃の夢は、その後どこに消えてしまうのだろうか。

きあいたいようなテーマがあるか」、「研究に根気強く取り組めるか」、そして「自由な発想を持って挑戦ができるか」ということであっても、必ずしも学生の時の成績やテストの点数で研究者の向き不向きが決まるわけではない。そのことが学生や子供たちに十分に伝わっていないのではないだろうか。大学教員がその仕事の魅力ややりがいを学生に十分に伝えられていないのではないだろうか。そして頭の良い人＝成績が良かった人が大学教員になるというイメージを払しょくできていないのではないだろうか。だからこそ、たくさんの子供が、小さい頃は学者を目指していたにもかかわらず、成長する中で、学者／大学教授という職業に興味がなくなってしまうか、または自分には無理だとあきらめてしまうのではないだろうか。

大学教員こそ、この仕事の素晴らしさや研究の夢などをもっと若者に語るべきであろう。そうしないと、今後も研究者を目指す人は減り、大学の、そしてこの国全体の研究力も減り、最終的には多くの書籍(1)(2)に書かれているように、いずれＧＤＰなど国力そのものが失われていくだろう。

(1) 豊田長康．２０１９．科学立国の危機：失速する日本の研究力．東洋経済新報社．東京．
(2) 岩本宣明．２０１９．科学者が消える：ノーベル賞が取れなくなる日本．東洋経済新報社．東京．
(3) 同右：１００-１０２ページより．
(4) 同右：１０７-１０９ページより．
(5) 同右：１１６ページより．

Part2 19章

教員の採用に関する米国の事例

日本の大学教員採用プロセスは、大学や学部によっても多少異なり、一概には言えないが、一般的には書類選考とその後の1回（または2回）の模擬授業・面接で決まることが多いのではないだろうか。民間企業で就職活動をしている学生から、例えば「今日が5回目の面接です」といった話を聞くことがある。企業では複数回の面接及びグループ面接など通して、応募者の性格や人柄を審査することはよくあることだろう。それに比べて、1、2回程度の面接で採用が決定する大学教員の選考プロセスは割とシンプルなのかもしれない。

そもそも一度の短時間の模擬授業や面接で、その研究者の教育者としての資質は測れるものなのだろうか。大学教員の大半は教員免許を持っておらず、教育の専門家でもない。つまり多くの場合、選考プロセスにおいて模擬授業を披露する候補者も、そしてそれを評価する大学教員も共に教育のプロフェッショナルではないともいえる。

より良い大学教員の選考・採用プロセスの在り方について、アメリカの大学の事例が参考になるかもしれない。私が大学院に所属していたフロリダ大学では、教員選考プロセスにおいて、まず書類選考で数名程度の候補者（二次選考進出者）を選んでいた。ここまでは日本の大学の採用プロセスと一緒かもしれない。ただそこからが違う。フロリダ大学では、二次選考に残った候補者には1泊2日で大学に来てもらい、候補者が大学の様々な関係者と交流する機会を多々設けていた。模擬授業及び面接もしていたが、それに加え、候補者の研究者が昼食や夕食を大学の教職員と共にすることになっていた。特定の教職員の家でのホームパーティーで、候補者と教職員が夕食を共にすることもあった。二日間にわたって、様々な機会を通して密に大学関係者と関わるので、候補者の人柄や性格が採用する側の関係者によく分かるわけだ。

教職員と様々な機会で交流することも興味深いのだが、特に重要だと私が感じたのは、候補者と大学院生及び学部生による交流会だ。模擬授業は、日本の大学では通常、大学教員（特に採用委員の先生）などが対象で、それ以外の人が聞くことはできないが、アメリカの大学（少なくともフロリダ大学）では、同じ学部に所属している学生も模擬授業に参加して、講義を聞くことができた。模擬授業で、学生も候補者に実際に質問を投げかけたり、講義の感想を述べることができた。更に、学生と候補者が一緒に昼食を共にして、ディスカッションをする時間も設けられていた。参加できる学生については、特に条件や参加要件は無かったので、その学部／研究科に所属している学生であれば誰でも自由に参加できるものであった。学生はこれら、模擬授業や昼食会での交流、候補者とのディスカッションを踏まえ、学部及び採用委員の先生に、学生としての意見を（その候補者を採用すべきかどうかも含め）伝えることになっていた。つまり間接的にではあるが、学生も大学教員の採用に携わっていたのだ。大学教員は授業、研究室、そしてフィールド調査などを通して多くの時間を学生と過ごす。その教員が教育者として優れているか否かは、実は学生が判断・評価すべきことなのかもしれない。どのような研究者に自分の大学に来てほしいか、どのような先生の授業を聞きたいか、どのような研究者から研究指導を受けたいか。学生は自分事として真剣に考えるだろう。だからこそ、学生も学部に採用にあたっての意見を述べることができる（間接的に大学教員の採用に携わることができる）フロリダ大学の選考システムは、大学・学部にとっても、更に学生にとっても納得のゆく人材の採用につながるのではないか。

一方、日本の大学では学生が（間接的に）教員採用に携わるという話は聞いたことがない。なぜ日本ではそのような教員採用プロセスは検討されないのであろうか。アクティブ・ラーニングなど、学生が主体的に授業に取り組むことが重視されるようになり、学生組織が授業改善のための提案をするなど、学部の運営に携わるような試み（スチューデントディヴェロップメント=Student Developmentと言われたりする）も多くの大学で行われるようになってきた。ただ大学教員の採用こそ、限られた教員だけが決めてしまうのではなく、学生の意見を聞き、間接的でも学生に採用プロセスに関わってもらうことが良い教員を採用するためには必要かもしれない。

その先生が学生思いの、面倒見の良い先生であるか否かは、学生に聞くのが一番手っ取り早く正確だろう。私もフロリダ大学大学院に在籍していた時に、実際に採用候補者と学生との昼食会に参加し、その採用候補者の学生との接し方に疑問を感じ、昼食後に「あの先生は本当に学生のことを思っていてくれているのか分からなかった。あまり面倒見がよくないかもしれない」と学生代表に伝えたことを覚えている。私の意見も含め、各学生のフィードバックを集約し学生代表が学部側に結果を報告し、結果、その先生とは異なる別の先生が採用されたことを覚えている。学生の意見は教員にとっては時に残酷なものかもしれないが、より良い教育の在り方を考える際に、学生の率直な感想は決して無視してはならないだろう。

その教員が良い教員かどうかは学生が一番知っている…

Part2 20章

目指すべき大学教授像

20・1 「研究について」：業績を出し続ける教授になるために

もし大学教員が「何歳になっても、どんなに役職などが忙しくても、論文を執筆し、発表し続ける先生」と、「ある時からぱたっと論文執筆が止まっている（ように見える）先生」の二つのタイプに分かれるものだとしたら、何歳になっても研究成果を出し続ける大学教授を目指したい。研究者は研究を続け、論文を発表し続ける限り現役を続けられる。大学教員には定年があるが、学術雑誌への論文投稿や学会での研究発表において年齢制限はないので、本人のやる気さえあれば研究者には定年がないともいえる。そして研究自体も終わりのない営みである。一つの研究をするとたくさんの課題が見えてきて、新たなアイデアや次の研究のヒントが得られるものだ。「研究＝終わりのない探求」を続け、学問の発展に貢献し続けることが研究者の責務である。

大学教員／研究者の役割は必ずしも論文を書くことに限らない、という議論もあるだろう。後進（次の世代の研究者）を育てること、つまり教育ももちろん重要な責務だ。ただ論文は書き続けることで執筆スキルが向上し、または執筆スキルを維持することができる。車の運転と同じだ。運転免許証は持っていたとしても、20年間全く運転してこなかった人が突然路上で運転することになったら、20年前と同じように運転ができるのだろうか。できれば20年ぶりに運転する人の車の助手席に座りたくないだろう。近所を運転するだけでも、20年経てば道路事情や標識なども変わっている。研究・科学の世界であっても、時が経てばトレンドや求められる論文のスタイルも変わってくる。例えば、環境関連の分野では、学術雑誌（特に国際誌）に掲載される論文の分量は縮小傾向にあると言われている。以前は原著論文の文字数制限が8，000単語（words）や10，000単語だった国際誌が、最近は6，000単語程度に変更になったという話も聞く。読者も忙しいことが多いので、あえて長い論文を読みたい人は多くはないかもしれない。できれば短く、要点がまとまった論文を読みたいものだ。同じようなことが繰り返し書かれているような無駄に長い論文を読むことは本当に苦痛だ。長い期間、論文を書いていないと、例えばそういった「科学の世界の最近のトレンド」をフォローできていないかもしれないし、その変化に対応することが難しくなるかもしれない。

歳を重ねても論文を書き続け、学術雑誌に発表し続ける大学教員と、ある時から論文を書かなく（書けなく）なってしまう大学教員の二種類が存在するとしたら、それはなぜだろうか。私の仮説はこうだ。論文を書くことの理由が「仕事だから」だった人や、論文を書く目的が「業績を上げるため」だった人は、仕事で論文を書くことが求められなくなったら、または、業績を積む必要がなくなったとたんに、論文を書くモチベーションがなくなってしまうのではないか。例えば、任期付き助教として大学に雇われた場合、まだ「任期付き」なので、パーマネント／常勤の大学教員になるために、業績（つまり論文）をたくさん作らなければない。一方、晴れて任期のないパーマネントの大学教員（例：准教授）になったら、基本的にはそのまま定年まで働き続けることができるわけだ（だから「パーマネント」なのだ）。論文を毎年何本書こうが、研究を意欲的に進めようが、逆に研究が完全に止まってしまっていても、毎年支払われる給料の額は変わらないかもしれない。むしろ一般的には、年齢に応じて給料は上がっていくものだ（研究業績にかかわらず）。

とある大学の先生から、「業績に応じて、翌年大学から払われる研究費の額が変わってくる」という話を聞いたことがある。そのようなインセンティブがあれば、少しは研究をするモチベーションになるかもしれない。ただ、給料も大学から配分される研究費も業績に関係なく固定、という大学も多いだろう。

大学教員は大学運営に直接かかわる仕事をたくさんしている。例えば「授業、入試（試験監督や採点）、学生対応など様々な業務があり、どうしても研究が後回しになってしまう」という話はよく聞く。そうするといつの間にか、「論文を常に書いていた状態」から、論文を書く頻度が少なくなり、気づいたら「何年も論文を発表していない事態」になってしまうのかもしれない。そして最終的には「もう長いこと論文を書くことも学会誌に投稿することもしてない」ということになってしまうのかもしれない。

一方で、年齢を重ねても、重要な役職を担うようになっても、論文を生産し続ける人とは、一体どのような人なのだろうか。それはシンプルに論文を書くことを「楽しんでいる」人なのだと私は思う。「好きこそものの上手なれ」というが、好きで研究をしている人、論文を書くことが好きでたまらない人は、人生のステージが変わっても論文を生産し続け、最終的に信じられないような業績を残すだろう。だからこそ**「大学教員を目指す若者へ　オリジナルチェックリスト」**（p.18、31）の項目にもある通り、「文章を書くことが好きか」、「自分がしたことを人前で発表することが好きか」といったことが研究者として生涯現役を続けるために、そして何より学問への貢献を続けるために、重要な要素になる。つまり、「研究計画を練る」、「実際に調査する」、「データを分析する」、「論文を執筆する」、「学会誌に投稿する」、「査読され（時には厳しく批判され）る」、「再投稿する」といった全ての研究プロセスを楽しめるかどうかが重要なのだと思う。もちろん学問への貢献という「責任感」から研究を続け、また論文を書き続ける人もいるだろう。そのような人は立派だと思う。しかし、「責任感」はいずれ重荷となるかもしれない。結局「好き」であることこそが「責任感」よりも長続きする要因になるのではないか。

所属する学部に自分より年配の先生で「査読結果が厳しければ厳しいほど（つまり批判されればされるほど）燃える」と言っている方がいる。研究をすることも論文を書くことも楽しくてたまらないという様子だ。そしてその先生はやはり、歳を重ねても、まるで博士号を取ったばかりの駆け出しの若手研究者のように、業績を積み重ねている。私にとっては、そういった見本となる先生が同じ職場にいることが幸せなことだ。

20・2 「教育について」：国際社会で活躍できるような人材の育成へ

20・2・1 優勝したいなら監督はその国の出身者が良いか!?

大学教員は研究室・ゼミという集団を率いているという意味において、スポーツチームの監督と似ているところがある。年齢、考え方、時には出身も異なる若者を束ね、彼ら彼女らが良いパフォーマンスを出せるように指導し、導くという役割は、大学教員も監督も同じだろう。スポーツにおいては、チームや選手にとって明確な共通目標がある。つまり試合に勝つということだ。研究室・ゼミにおいても、「学術的にも社会的にもインパクトのある良い研究をする」、「論文を書く」、「学会で研究発表をする」などの共通の目標がある。チームマネジメントの考え方や良い監督の在り方に関する議論は、研究室を運営していくうえで参考になるものだ。

サッカーの世界のおいて興味深いデータがある。4年に一度開催されるサッカーの祭典：ワールドカップにおいて、これまで優勝した国の監督は全て母国出身だったというデータだ。他国の監督を招くこと（例：イギリス代表のチームをスウェーデンやイタリア出身の監督が率いること、コロンビア代表をアルゼンチン人監督が率いること）は、サッカーの世界では（おそらくラグビーなど他の世界でも）あることだ。現にサッカー日本代表の過去の監督を振り返れば、多くの成果を出した、または人々の記憶に残るような監督は外国人が多い（例：オフト監督、トルシエ監督、ジーコ監督、オシム監督、ザッケローニ監督）。ただワールドカップで過去優勝したチームの監督は全て母国出身の監督なのだ。つまり例えばフランスはフランス人監督が率いた時のみ、イギリスはイギリス人監督の時にしか優勝したことがない。日本代表も過去のワールドカップを振り返ると、ホームの利があった自国開催のワールドカップ（2002年日韓共催大会）を除くと、他国開催で一次リーグを突破できたのは日本人監督の時のみだ（2010年南アフリカ大会：岡田監督、2018年ロシア大会、西野監督、2022年カタール大会、森保監督、ベスト16）。これは何を物語っているのだろうか。

選手や監督を経験してきたサッカーの解説者の多くが「良い成果を出すためには、目指す目標や用いる戦略について監督が選手に明確に伝える必要があり、結局のところコミュニケーションが大事だ」ということを話している。選手も分からないことがあれば常時、監督と密に意見交換をし、監督も共通の目標に向かって選手一同の意識を高めていくコミュニケーション力が求められる。「ワールドカップで優勝したチームは全て自国出身の監督が率いている」というデータは、選手が最高のパフォーマンスを発揮するためには、そしてチームが最高の成果を出すためには、監督と選手の間のコミュニケーションは両者ともに母国語で行われる方が効果的である、ということを物語っているのではないだろうか。他国出身の監督を代表チームに招く際は、ほとんどの場合、通訳が必要になり、監督は通訳を介して、選手とコミュニケーションをとることになる。その国の言葉を少しでも話すことができれば、通訳を介さずとも多少のコミュニケーションは取れるかもしれない。しかし「その国の言葉を話せる」ではなく「その国の出身者」の監督のみワールドカップで優勝できたということは、言語の話だけではなく、その国の文化や人々特有の考え方なども理解したうえでコミュニケーションをとることが求められることを意味しているのではないか。そのチームの最大限の力を引き出すためには、その国の言葉を母国語として、その国の文化なども熟知している、その国の出身者がチームを率いる必要があるということだ。

これを研究室運営に置き換えてみよう。日本出身の学生が大半を占める研究室はやはり日本出身の、日本語を母語とする先生が指導した方が、学生は良いパフォーマンスを見せるだろうか。逆に英語基準プログラムの研究室において、つまり研究室の共通言語が英語の場合、英語を母語とするネイティブスピーカーの教員が指導した方が、（英語を第二言語とする教員が指導するよりも）学生は大きな研究成果を出すことができるだろうか。

私が現在、大学で受け持っている授業の7割くらいは英語で留学生を対象にするものだ。ゼミ／研究室も（日本語基準のものとともに）英語基準プログラムのものを持っていて、海外からやってきた留学生の卒業論文の指導をしている。主にアジア（中国、韓国、インド、台湾など）からの学生が多く、全て英語でコミュニケーションをとり、卒業論文も当然学生は英語で書く。英語基準プログラムの学生の指導は刺激が多く、やりがいも大きい。すでに述べたように英語基準プログラムで学ぶ留学生は学部を卒業後、海外の著名な大学院に進学することも多く、プログラム全体を通して学生のやる気もレベルも高い。教員としてはそのような優秀で、やる気のある学生を指導できることは喜びである。

留学生の中には、英語を母国語のように流ちょうに話す学生（つまり英語ネイティブの学生）も少なからずおり、実際に私のゼミに所属していたインド、マレーシア、そしてスウェーデン出身の学生などは幼少の頃より英語を共通語として使用してきたため、ネイティブスピーカーと同等の英語力を持っている。一方の教員である私は、親の仕事の関係で幼少の頃にイギリスで過ごしたことはあるが、また大学院（修士・博士）は海外で学位を取ったが、英語ネイティブでは全くない。当然、日本語の方が断然、自分が話したいことを話したいようにコミュニケーションでき、また日本語であれば相手の言っていることも１００％理解できる。一方で、留学生に研究の進め方や論文の書き方など、「研究指導」をする際には、英語でコミュニケーションをとることにそれほど障害は感じていない。留学生は優秀な子が多いということもあるだろう。しかし、「英語が母国語でない教員（私）が英語基準プログラムで留学生を指導することには限界があるかもしれない」と感じることはある。また「英語ネイティブの学生と第二言語として英語がいまだに不慣れな学生が一緒に学ぶことには限界がある」とも感じている。ここでは私が限界を感じた例として二つの出来事を紹介する。

20・2・2　フィールドワーク中に起きたｂｏａｒ事件

一つ目は、英語基準プログラムの留学生と日本語基準コースの日本人学生が一緒になって学ぶ科目で起きた出来事だ。この科目はフィールド調査をしながら、一年間かけて、学生が特定のテーマについて協働して研究をするというものだ。具体的には、本科目では「中山間地域の活性化に向けて」というテーマのもと、学生と教員が一緒になって関連する先行研究をレビューし、同時に2カ月に一度、キャンパスのある市の中山間地域を訪れフィールドワークをした。フィールドワークでは、地域住民と農作業をしたり、また市や県の担当部署の職員と意見交換会などをした。これらを通して、最終的には学生が地域の活性化に向けた提案をすることが授業の目標であった。英語基準プログラムの一科目なので、授業は全て、教室でのディスカッションも含め英語で行うが、フィールド/中山間地域では当然住民、農家、市の職員などとは日本語で話すことになる。留学生は大半が日本語が分からないので、教員（私）が間に入って通訳することになるわけだが、まずここで言語的な課題・限界を感じた。細かい農機具の名前など、農家が一生懸命（日本語で）説明してくれたが、それを英訳して学生に伝えても、留学生も英語ネイティブではないのでその意味が分からないということが多々あった。教員も学生も英語ネイティブではない場合、正確なコミュニケーションをとることが難しくなる。これは日本人の先生が日本人の学生に教える時にはほとんど起きないことだろう。

例えば、この授業の、とあるフィールド調査で、地元の農家に獣害対策（野生動物による農作物被害を防ぐための取り組み）について説明してもらい、対策をしている現場を見せてもらった。山間の田園地帯を歩きながら、イノシシ（英訳：boar）による被害を防ぐための電気柵や罠などを半日見学したのだが、全ての視察が終わった後に、帰り際に、二人の留学生から「先生、ところでboarとは何ですか？」と聞かれ、驚いた。Boarという単語の意味を知らなかったことに驚いたわけではなく、彼女たちが肝心の単語の意味を知らずに、半日のフィールド調査を行い、終えてしまったことにショックを受けた。当然、その意味を説明しきれていなかった教員（私）の力不足もあるが、boarという単語を知らない時点で、彼女たちの母語である中国語でイノシシ＝猪という単語を伝えたり、または実際に写真などを見せて説明しない限り、その意味を理解してもらうことは難しかっただろう。一方で、日本人（日本語母語の）学生に日本語で、「これはイノシシによる被害を防ぐためのものです」説明すれば、確実に全員が、イノシシとは何か分かるだろう。

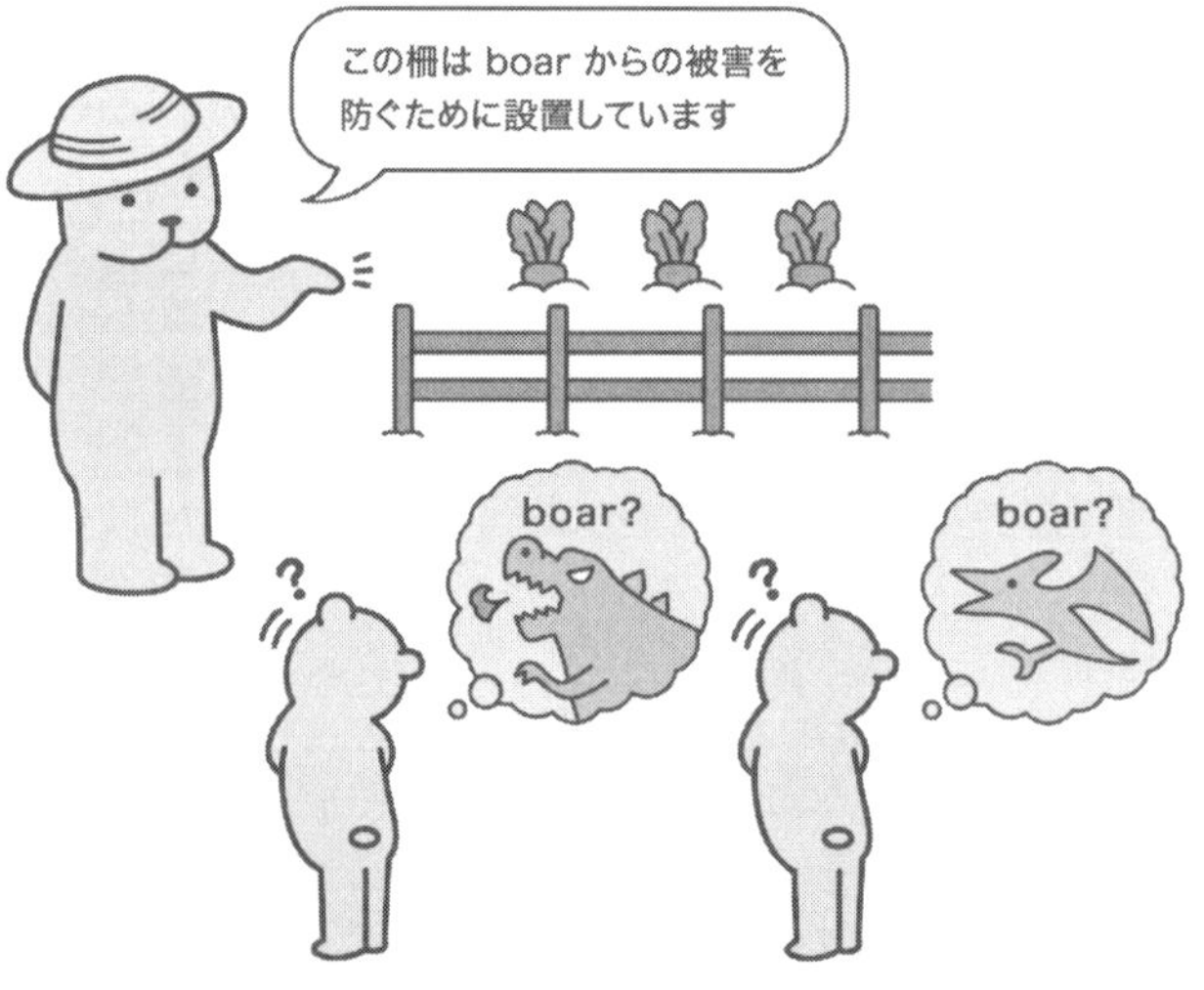
この柵は boar からの被害を防ぐために設置しています
boar?
boar?

英語ネイティブでない学生に英語で教えることは
時にチャレンジングである。

20・2・3 日本語で行われるゼミを受け持ったことで知った大きな差

母語以外の言語で教育をすることの限界を感じてしまったもう一つの出来事は、日本語基準コースの、つまり通常の日本人学生を対象としたゼミを新たに持ったことだ。英語基準コースのゼミ(主に留学生対象)を数年間持った後に、これとは別に新たに日本人学生を対象としたゼミも受け持つことになったのだが、学生の反応や理解するスピードが留学生に教えている時に比べ、桁違いに早く、驚いた。日本語が母語であるため教員(私)は100%自分が伝えたいことを伝えられ、学生も日本語母語のため100%その意味を理解できるため、スムーズにコミュニケーションが取れる。日本人を相手に日本語で指導している教員にとってはあまりに当然なことだが、英語基準コースで留学生を教える際にはその「当然」が存在しないのだ。

日本語基準コースのゼミでは、学生の理解力が早いだけでなく、教員が期待している学習への態度や姿勢についても、こちらが細かく説明するまでもなく学生が先回りして理解し、自ら行動するようになった。ゼミが始まって数週間後には、学生が自ら授業開始時間よりも早くに教室に集まり、自主的に研究課題を進めるようになり、また授業が終わった後、つまり教員(私)が教室から退出した後も、学生は教室に居残り、研究の続きをするようになっていた。私はただ課題を学生に課しただけで、どのようにその課題に取り組むべきかまでは説明していないので、学生の姿勢を見ているとまさに「1を言えば10が分かる」という感じがした。優秀な学生が集まっている、ということもあるが、英語基準コースの学生たちも優秀だ。では何が異なるのだろうか。言語的理解力(学生・教員双方の)とともに、教員と学生が同じ文化・規範(暗黙のルール)を共有できているからこそなせる業のような気がした。学生が、教員が話している内容をしっかり理解したうえで、その先にとるべき行動まで理解・予測し、実践できるかは、どのような行動が求められているのか、その規範（暗黙知）を共有できているかどうかによるだろう。そしてこの規範（暗黙知）は国（社会や文化）によって異なることもある。日本語基準コースのゼミ生を、ある学会の研究発表大会に連れて行った時に、彼ら彼女らは、教員（私）がそう指導したわけではないにもかかわらず、最前列に座り、研究者の発表に熱心に耳を傾け、ノートをとり、発表後に報告者に質問をしていた。その姿勢を見て、大変驚き、素直に感心した。一人前の研究者のような振る舞いを学生がしていたのだ。

確かにその言語を母語とする教員がその言語を母語とする学生に教えた方が、コミュニケーションはスムーズだ。そしてそれは単純に言語の話だけではなく、学生が育ってきた文化的背景なども理解したうえで、それに見合った教育ができればより効果的な指導ができるだろう。留学生を指導する時に、それぞれの出身国の文化や考え方を理解することも、そしてゼミとしての目標を達成するための共通のルールを作り上げることも重要だが、いずれにしても多くの時間や労力がかかる。冒頭の、ワールドカップでは自国出身の、その言語を母語とする監督しか優勝したことがない理由がよく分かる気がする。

20・2・4 限界を知ったうえで目指すべき教員の在り方とは？

一方で、言語や文化が異なることが効果的な指導ができない理由だと、言い訳をしているようでは、大学教員として失格だろう。前の章で書いた通り、今、我が国では国内の18歳人口は減少を続け、今後は留学生などを受け入れないと経営が成り立たない（必要最低限の学生を確保できない）大学も増えてゆくだろう。18歳人口の話を持ち出さずとも、そもそも日本を含め世界中で国際化が進み、町で見かける外国出身の人も増えている。多くの大学で留学生は増加傾向にあり、教員も海外出身の先生を採用する大学が増えている。日本人の教員が母語でない英語で、やはり必ずしも英語が母語とは限らない留学生に授業をすること、または英語のゼミを持つことは、今後どの大学でも増えてゆくかもしれない。留学生がキャンパスに集い、英語で授業が行われることは、多くの大学において日常の風景になってきた。結局のところ、与えられた環境で、質の高い指導をするためにベストを尽くすことが重要になってくる。

教員はこれまで以上に努力しなければならないだろう。英語の勉強は何歳になっても欠かせない。私は大学院修士課程及び博士課程をアメリカの大学院で過ごしたので、英語でコミュニケーションをとることにそこまで障害を感じないし、日々留学生を指導するうえでも、言語の問題を感じることはそれほど多くはない。ただ今の自分の英語力では全然だめだという危機感は日々感じている。「授業において、また研究指導において伝えたいことをそつなく英語でコミュニケーションできる」、というのはまず目指すべきところだが、その先に大学教員らしい「格調の高い、知的に洗練された英語でコミュニケーションをとる」、という目標があると思う。よく言われる「英語がペラペラに話せる」というのと、「その場面や相手に応じて最適の、上品な言葉を使いながら格調高いコミュニケーションをとる」というのは全く異なる。例えばアメリカの子供たちは、もちろん英語を流ちょうに話すが（ネイティブなので）、格調の高い大人の英語を話しているかとなれば違うだろう。非ネイティブの私にとって「格調の高い英語でコミュニケーションをとれるようになる」という目標への道のりは、いくら努力しても勉強を続けても、果てしなく遠い。

結局のところ、できることは日々の努力しかない。暇があれば、単語力をつけるために新たな単語を覚えたり、模範的な英語によるスピーチなどを聞き、スピーキングの練習をしたり、更にアメリカのCNNの報道番組を聞くなど、日々勉強するようにしている。

では育ってきた国や文化が違う学生が、一つのチーム（ゼミ）として共通のゴールに向け協働するためには、どのような環境づくりが必要なのだろうか。例えばゼミでは、学生がお互いの研究発表を一所懸命聞き、質問やアドバイスをしあう、いわば学生同士が切磋琢磨できる学習コミュニティを作り上げることが重要だと思う。自分の研究だけ進め、他人がやっていることには興味すら示さないということであれば、わざわざゼミ／研究室に入る必要もないだろう。

学生同士が、更に学生と教員が密にコミュニケーションをとりながら、お互い切磋琢磨して、それぞれ意欲的に研究を進めてゆく、そしてゼミ全体として継続して多くの研究成果を生み出してゆく。そんなゼミを目指すのなら時間をかけるしかない。教員としては、まずはゼミ／研究室の一人一人に寄り添うことが大切だろう。例えば、ゼミに所属する学生一人一人の夢や目標を理解し、それぞれの価値観を踏まえて指導をしてゆく。メンバーそれぞれの目標については、ゼミ全体でも共有したうえで、今度はゼミ全体として達成したいことを全員で話し合って決めることも有効だと思う。ゴールが定まると、そのためにゼミメンバー一人一人（教員も含め）が日々すべきこと、そしてあるべきゼミの姿もより明確になる。どのようなゼミを作り上げるか、どのような価値観をゼミとして大切にするのか。個人のゴールとゼミとしてのゴールを実現するために、学生は（そして教員も）日々どのように行動し、課題に向き合えば良いか。英語基準コースのゼミでは、毎年、最初にワークショップを開催し、個人の目標やゼミとしての目標を全員参加型で決めるようにしている。出身も国籍も異なる学生が集まるゼミにおいては、共通のゴールを全員で定め、あるべきゼミやメンバーの姿をみんなで考えることが大事だと思う。時間はかかるが、最初のゴール設定のところこそ多くの時間をかける必要があると思っている。

冒頭のサッカーの例に戻ろう。ワールドカップ、つまり国別の対抗戦では、自国出身の監督が率いるチームが強い。ただクラブチームに目を向ければ、世界の強豪チームは出身が多様な、多国籍の選手から構成されていることがほとんどだ。選手の出身も育ってきた文化も全く異なり、監督に至っても、そのチームがある国以外の国の出身者が率いていることが多い。世界最高峰のチーム(レアルマドリード、バルセロナ、リバプール、パリサンジェルマンなど)には多国籍の選手が集まる。大事なことは、それでもちゃんと成果を出しているということだ。つまり、例えば英語母語でない監督が英語母語でない選手が多く集まるチームにおいても、しっかりと英語でコミュニケーションをとり、指導して、最高の成績を収めているということだ。そういった環境でのチームマネジメントは、多国籍の学生が集う研究室の運営においても、とても参考になる。

Part2 21章

大学教員として日々努力すべきこと

21・1 大学教員が働く環境は「ぬるま湯」か？

スポーツの世界であれば、チームの成績が芳しくなければ、解雇され、別の監督が就任する。サッカーなら、例えばイギリスのサッカー界において監督は平均1年半弱で交代（解雇）させられ、初めて監督に就任した人の半分以上は、その後二度と監督に任命されることないというデータがある[1]。本当に厳しい世界だ。それに比べて大学の先生はどうであろうか。学生からの評判が悪くて、どの授業も受講者がほとんどいないような先生でも、それを理由として解雇させられることはあまりないだろう。

大学教員がもし、研究業績を残さずとも、教育を熱心に行わずとも、給料は年功序列で毎年上がっていくものだとしたら、「大学は『ぬるま湯』」と言われても仕方がないだろう。だからこそ、良い大学教員、つまり「良き研究者」であり「良き指導者」になるためには、自分に厳しく日々努力を続けるしかない。

21・2 自身の授業を評価する

自分が普段している授業がどのくらいうまくいっているのか。その授業を通して学生は効果的な学びができているのか。学生への指導が本当に何らかの良い影響を彼ら彼女らに及ぼしているのか。大学教員の数だけ、指導方法は異なるだろうし、それぞれの教員が（多くの場合）自分が正しいと思って、それぞれの教育哲学のもと、指導をしている。そもそも日本国民のほぼ全員が何らかの教育を受けてきたので、誰でも教育に対して何らかの意見や信条を持っているものだ。これが教育においては、「一億総評論家」状態だと言われるゆえんだ。大学教員はこれに加え、「自身は研究者である」という自負も持っているので、更に厄介だ。大学教員全員が「教育評論家」であるともいえ、研究者という意味において「専門家」でもあるのだ。ただ教員本人がどれほど自信と信条を持って熱血指導をしていたとしても、その分だけ教育効果が高いとも限らない。大学教員がいくら何らかの分野の専門家であり、自身の教育に自信があったとしても、授業中に学生が本当に学ぶべきことを学び、成長できているのか、つまり授業の効果を知るためには、結局のところ授業評価をしてみるしかないと思う。

実際、自分が担当している授業を、学生へのアンケートなどから評価してみると、いろいろと面白いことが分かるものだ。学部1年生対象のとある授業で、学期が始まる前（第1週の授業の冒頭）、学期途中（第7週目あたり）、学期終了時（第15週の授業後）の三回にわたって、繰り返し学生にアンケート調査をした。結果を見ると、学生は授業を通して、例えば「レポートを書くことや人前で発表することへの自信を深め」、また「授業の重要なキーワードについて自分なりにその定義を説明できるようになる」、といった変化を見ることができる。一方で教員が期待していたほどの変化が見られない項目もあり、例えば、「半年の授業を経ても、学生はまだまだその後の大学生活において取り組みたい研究テーマを決めることができていない」、ということも分かる。学生にアンケートを取ることで（できれば継続してアンケートを行うことで）、授業が学生にどのような変化をもたらしたのか、その一端を知ることができるのだ。

中間・定期試験の結果も、教員にとっては自身の指導の効果を見るうえで貴重な情報を提供してくれる。例えば、いつも一所懸命、講義を聞いている(ように見える)学生、そしてグループディスカッションなどで生き生きと自分の意見を発言しているような学生が、中間試験をすると、意外にも「講義内容についてほとんど理解できていなかった」、ということが分かったりする。学生の学ぶ姿勢に問題があるのかもしれないが、これについては教員としてできることもたくさんあるだろう。自分の授業を受講している学生の学びがあまりないことについて、「学生に問題がある」、「学生が悪い」と考えてしまうようなら教員失格だろう。学生が思うように学べなかったとしたらそれは指導の仕方、つまり教員側に問題がある。そう考えなければ、教員としての成長はないだろう。良い授業をするためには、そして良い教員になるためには、常に自身の授業や指導における改善点を考え、実行に移してゆくことが大事だろう。きっと、自身の授業中の話し方・伝え方に問題があったのかもしれないし、講義資料が見にくかったり、分かりにくかったのかもしれない。改善点はいつだってたくさんある。

自身の授業の教育効果を探りたいなら、授業を受けた感想を学期末のアンケートで学生に自由に書いてもらうだけでも多くのことを学べる。例えば統計の授業を教えていた時に、授業終了後に「この授業の良かったこと」、「悪かったこと」、「内容を理解できたか」、「改善してほしいこと」などを学生に自由に書いてもらった。「成績には関係ないので率直な意見・感想をください」とお願いするが、当然先生に気を遣って、正直な気持ちを書かない学生もいるかもしれない。ただ、多くの学生がかなり率直な意見を書いてくれたような気がする。何人かの学生が「先生の話や授業の進みが速くて、ついてゆけなかった」、「授業についてゆくので精いっぱいだった」と書いていた。私としてはかなりゆっくり、授業中に何度も学生の理解度を確かめながら講義をしていたつもりだったので、これらの学生の意見には少し驚いた。ただ、このように教員としての感覚・自己評価と学生によるフィードバックとのギャップを知ることこそ、授業評価をする意義だろう。教員としての個人的な信条や教育哲学よりも、学生の生の声・率直な感想の方が大事だ。「授業の進みが速かった」といった意見が複数の学生から寄せられたのであれば、「もっとゆっくり」、「丁寧に」、「親切に」授業を進めることが求められているのだ。一方で、同じアンケートで「内容が初歩的過ぎたので、もっと上級者用の内容も教えてほしい。」という意見も、これまた複数の学生から寄せられたりする。クラスに20人学生がいれば、学生の授業理解度や学生の求める内容も20通りあると考えていいだろう。多様な意見や要望があるということを知ることも、今後の授業の改善に向けて、教員にとっては重要になってくる。授業評価やアンケートはその第一歩となる。その結果を踏まえ、教員として、何をどう改善してゆくのか、常に考え続ける必要がある。

21・3 メンタリング

メンタリング／メンターについて、本書の第9章で詳しく書いた。大学教員として学生指導をするうえでメンタリングという考え方は非常に重要だと感じる。私はメンタリングが文化として根付く海外の国に留学することができたからこそ、メンタリングという考え方に出会い、学ぶことができた。そして私にとって、大学院の指導教官であったスーザンが、最高のメンターだったと感じる。メンタリングとは、かいつまんで言えば、メンター（大学であれば教員・教授）がメンティー（大学であれば学生）に寄り添って、良いパフォーマンスができるように、またステップアップできるように支援してゆくことである。そこで重要になってくるのが、メンターがメンティーの話を傾聴し、メンティーの考えていることや目標などを十分理解したうえで、メンティーと一緒になって目標やあるべき姿（例：研究の方向性）を考えてゆくというプロセスだ。メンターの役割は決して一方的に自分の価値観を押し付けたり、考え方を強要させることではなく、メンティーが自発的に自分のゴールに気づき、そこに向かって努力できるようにサポートすることである。大学教員は、講義や学生指導において、たくさん話をする職業であり、学生に対して必要以上にいろいろなことを伝えようとしてしまうことがある。結果的に、無意識に自身の価値観を学生に押し付けてしまう傾向があるかもしれない。私も、今思えば自身の考え方や理想像を学生に少し押し付けてしまったことも過去にあったように思う。本来、研究は自由なもので、自由な発想こそ独創的な研究を実行するうえで重要である。学生が本来持っている「自由な発想」や「前例を気にしない行動力」こそ、充実した研究をするために大事であろう。そのためには、学生がのびのびと前向きに研究に専念できるような環境を整えることが教員に求められる。受講生が何百人もいるような大講義で、学生一人一人の希望などを傾聴することは難しいが、自分のゼミ・研究室の学生や院生に対しては、とことん寄り添って支援することが求められる。

まずは学生の話にしっかりと耳をすませ、聞いてみる／傾聴する。傾聴するためには、

「・常に学生の可能性を信じる

・笑顔で話す

・話しやすい雰囲気をつくる
・学生の話の内容に一生懸命関心を持ち、それを表現する
・適度なアイコンタクトをとる
・相手の可能性ややる気を引き出すように心掛ける
・本気で支援しようという気持ちで聴く」(2)

といった姿勢が重要になってくる。時間が経つと、初心や最初に学んだことを忘れてしまうこともあるが、だからこそ時々右に書いた姿勢ができているか、自分が学生に対して傾聴できているか確認することが大切だと思っている。

21・4 良い意味で歳をとらない大学教員を目指して

人は誰でも毎年歳を重ねていくが、一方で学生の歳は変わらない。つまり、毎年平均18歳の学生が大学に入学すること、自分が指導する学部生が大体18歳から22歳の間の学生であることに変わりはない。教員は歳を重ねてゆく一方で、指導をする学生の年齢は変わらないので、教員(私)と学生との年齢は毎年離れてゆく一方だ。

新任教員の頃は、学生とそこまで年齢差もなく、学生にとって「兄貴」のような存在になりえたかもしれないが、いずれ「おじさん」になり、「お父さん」と同じくらいの世代になる。最終的には学生にとって「おじい

さん」のような存在になるのだろうか。重要なことは、学生と教員との間で世代が離れてゆくなかで、教員が若い時に体験した社会と今の学生が生きる社会は大きく変わってゆき、若者の考え方やコミュニケーションの仕方まで大きく変わってゆくということだ。

一昔前の学校には体罰（教員による指導の一環としての生徒への暴力）も少なからずあった、そしてそれさえも多少許される社会であったという話を聞く。今では、体罰をした教員のことが明るみに出れば、すぐに社会問題になるだろう。これは良い変化だと思う。一昔前であったらありえなかったコミュニケーションの仕方、つまりSNSを使ったオンラインでのコミュニケーションが今の若者にとっては普通なことだ。私が学生をしていた頃には、ありえなかった光景だが、今は学期の最初のクラスで、学生同士すぐに連絡先を交換し、LINEグループを作り、ほぼ同時にグループ内でのオンライン上のコミュニケーションを開始している。そのスピード感にただただ驚くばかりだ。

また普段使う「言葉」も日々新しいものが生まれている。「若者言葉」とか言われたりするが、最初は奇妙に聞こえた言葉も、いずれ社会に根付いてゆく。教員が、自身が人生の大半を生きてきた昭和や平成の時代の経験をもとに授業をしても、学生は令和の時代を生きているのだ。考え方も、使う言葉さえも変わってゆき、日に日に教員と学生との心の距離感は離れてゆくものかもしれない。学生目線に立った、学生のニーズにあった良い授業をするためには、まず学生のことを理解する必要があるが、年齢がどんどん離れてゆくと、学生のことを理解すること自体、年々難しくなってゆくかもしれない。第15章で、「教員の年齢が上がるほど、更に教員の職位が上がるほど（助教→教授）、学生による授業満足度が下がる」というデータを示した。その現象が起こる一つの理由が、教員と学生との間に存在する「世代間ギャップ」にあるのではないか。教授が、自分が学部生だった頃に（30年以上前のことになるだろうか）学んだ指導方法、あるいは効果的だと思った話し方を、学生に対して実践しても、平成生まれの（そして将来的には令和生まれの）学生には、「教員の話がよく分からない」、「言葉が理解できない」といったことも起こるのではないか。若手の教員の方が、学生の授業満足度も高い、というデータは、やはり若手の教員の方が学生と年齢も近く、学生が求めているものを理解したうえで授業ができている、ということを意味しているのではないか。

教員が30年前と同じ講義をしていて、話している言葉や考え方を学生が全く理解できなかったとしよう。これについて「自分（教員）が悪いのではない。理解しようとしない、理解できない学生が悪いのだ」、という考えもあるだろう。実際にそういう話をしている教員も目にする。ただそれでは、人として、教員としての成長はないだろう。そして成長しようとしてない、努力していない教員の話は、どれほど学生にとって説得力があるのだろうか。

結局のところ、良い授業をするためには、そして良い教員になるためには、日々努力を続けるしかない。例えば、常日頃、学生の様子をしっかりと観察することが大事だと思う。授業中、授業時間外、キャンパスを歩いている時など、いつでも、観察を続けることだ。エレベーターで一緒になった学生が、周りの学生とどんな表情で、何を話しているのか、耳をすませるだけで、気づかされることも多い。授業や自分のゼミでは、できる限り学生と積極的にコミュニケーションをとることが重要だ。教員が自分から積極的に学生と対話をする必要がある。その際には、何かを伝える、指導するということよりも（もちろんそれも重要だが）、まず彼ら彼女らが何を考えているのか、何に不安を感じ、何を楽しみにしているのかなど、学生のことを理解することに努めなければならない。ただ話すだけでなく、話し方も重要だろう。学生が自由に率直な意見を教員に打ち明けられるような雰囲気を作ることも大事だ。そのような対話・コミュニケーションを通してしか、学生と教員との間で信頼関係は築けないと思っている。

(1) カーソン、マイク（著）・タカ大丸（翻訳）．2013．ザ・マネージャー．SBクリエイティブ．東京．3ページより．

(2) 大野雅之．2013．メンターズガイドVer・04．統合共育研究所．神奈川．11ページより．

Part2 最終章

コロナ禍の大学と大学教員

この本を書き始めた時と書き終えようとしている今とで、大学を取り巻く環境は大きく変わった。それは新型コロナウィルスの感染拡大によるものだ。２０２０年春学期から私の大学では（そして日本全国の、はたまた世界中の多くの大学がそうであるように）、授業は全てオンラインに切り替わり、教室で行う対面式の授業は無くなった。この本を通して、「大学教員は良い教育・指導ができるように日々努力を続けなければならない」と書いてきたが、コロナ禍に直面する今ほど、その姿勢が求められることはないだろう。

オンライン授業にも様々な形があり、例えば、教員が事前に作成した資料や授業の動画をウェブに掲載し、学生が好きな時間にアクセスし、学べるような「非同期型」授業や、ビデオ会議ツールなどを使って学生と教員がリアルタイムで双方向の授業を行う「同期型」授業がある。私は２０２０年の春学期は、ゼミ（日本語基準コース及び英語基準コース）は「同期型」オンライン授業で行い、受講生が40名程度いる講義型の授業は「非同期型」授業を行った。学生はそれぞれの自宅から授業に参加しているが、オンライン授業だからできることや、気づくこともある。例えば、普段教室ではほとんど発言しなかった学生が、オンラインでは積極的に質問したりコメントをするようになっている。自宅から一人で参加しているので、周りの目をそこまで気にせず発言できるのだろうか。または、自身が発言しないとオンライン授業が成り立たないということで、責任感が増すのだろうか。いずれにしても良い変化だ。

留学生の何人かは、コロナ禍で日本に来ることができず、まだ母国におり、自宅からオンライン授業に参加していたが、学生からの提案で、授業の合間／休み時間に、学生が家の周りを散策し、近所を案内してくれたこともある。例えば中国の実家から参加している学生は、休み時間に携帯を片手に近所を紹介してくれ、他の学生や教員は動画でその学生が住む町の様子を見ることができた。授業の合間に、海外の今の様子を見ることができ、海外旅行をしているような気になれる。まさにオンライン授業ならではの、そして母国から授業に学生が参加しているからできる、貴重な体験だ。

新聞を読めば、「オンライン授業は実践してみたら発見がたくさんあり、面白い」と言っている大学教授や小中学校・高校の先生の記事がよく紹介されている。私も同感である。オンライン授業は工夫の余地が無限にあり、十分な準備ができれば良い授業ができる気がする。しかし、新聞記事やメディアで見る「オンライン授業もそれなりに楽しい」と言っている教員のほぼ全てが、日本語母語の教員が日本語母語の生徒・学生に教える事例をもとに話しているようだ。英語ネイティブでない教員が英語ネイティブでない留学生に英語で授業・指導をすることの難しさは、本書20章で述べた通りだが、オンライン授業ではより一層難しくなるというのが率直な実感だ。オンライン授業に切り替わり、いかに普段自分が教室で授業をする際には、言葉以外のコミュニケーションを多用してきたかに気づかされた。例えば学生が理解できているかどうかを、学生の微妙な表情の変化から読みとったり、こちらも学生が納得できていないと分かれば、ジェスチャーを用いたり、黒板（ホワイトボード）に要点を書いたりすることで、言葉だけでは伝えきれないメッセージを伝えようとする。しかしオンライン授業では、学生の顔を画面越しに見ることができても、微妙な表情の変化まではよく見えない。ジェスチャーなどボディランゲージを使うことも画面越しでは限界がある。

また普段、教室では、特定の学生にだけ伝えたいメッセージなどがあれば、その学生のもとに行き、直接伝えている。例えばみんなの前で伝えるにはあまりに恥ずかしいミスを学生がしていた時に、その学生のもとに行き、他の学生には聞こえないような小さな声で「この書き方、この内容は間違ってるから、次回までに直しておいて」と伝えたりする。そういったことも、オンラインだと当然難しい。私が授業で使用しているzoomというビデオ会議ツールには「ブレークアウトセッション」という機能があり、特定のメンバーを別のオンライン上の「部屋」に移動させることができる。従って、この機能を使えば、話したい特定の学生をブレークアウトルームに移動させ、二人だけでコミュニケーションがとれるわけだが、教室であれば一瞬で終わることが、オンラインではこの学生にとっても（ブレークアウトルームに移動させられ）、他の学生にとっても（もとのオンラインルームで待機し）、そして私にとっても非常に仰々しいことになってしまう。

オンラインであれば、いつも以上に時間をかけて丁寧に学生とコミュニケーションをとる必要があると感じている。当然、通常よりも時間がかかってしまう。気づくと授業時間が終わってしまっているということが、オンライン授業では多い。

私はコロナ禍でオンライン授業に切り替わったことで、教員と学生が、そして学生同士が一緒に教室で授業を受け、議論をする対面授業の重要性を再認識した。オンライン授業の良い点をあげることは簡単だが、教育効果を考えれば「対面に勝るものはない」というのが今の私の率直な感想だ。同じ空間で、同じ空気を吸いながら、お互いの表情やしぐさを見ながら、一緒に授業をして議論をすることで、様々な化学反応が起き、教育効果が高まるのだ。アクティブ・ラーニングはその良い例だ。

コロナ禍を経て、今後ますます新しい生活様式に切り替わってゆくが、この本で私が書いてきた大学教員として大切なことは今後も変わらない。大学教員は、社会や環境が、そして学生も日々変わってゆくなかで、より良い教育・指導ができるように日々努力を続けなければならないし、進化し続けなければならない。今は私は、オンライン授業の運営に正直四苦八苦しているが、いずれはオンラインでも、対面授業と同じくらいの教育効果が得られるような授業を設計・実施できるように、日々挑戦したい。幸い、コロナ禍は収束に向かっており、再び教室で学生と授業ができるようになった。今は学生と対面で授業ができることの喜びをかみしめながら、授業をしている。

オンラインでも授業はできるが…
コロナは我々に「対面でコミュニケーションをとることの大切さ」を改めて気づかせてくれた。

エピローグ

私は今、職場である大学キャンパスのすぐ近くに住んでいる。リビングルームもベッドルームも窓から見える景色は「大学」だ。職場（大学）に近すぎることで、良いことも悪いこともある。良いことは通勤時間がほとんどない（徒歩5分少々）ということだ。9時からの会議でも8：50に家を出れば十分間に合う。（そんなにぎりぎりに家を出ないが。）

都心で働いている人の平均通勤時間は片道1時間弱という。つまり往復2時間程度は、普通、人は電車（あるいはバス？）に揺られて過ごしているわけだが、私の場合、往復10分だ。18時まで仕事をしても18：10には子供と公園で遊んでいる。または、人より長い時間仕事（研究）をできるともいえる。

キャンパスの近くに住むと、どのようなことが起こるか。近所の公園で幼稚園児の息子と遊んでいると、ゼミの学生と会ったりする。子供好きで面倒見の良い学生だったりすると、彼／彼女が息子と一緒に公園で遊んでくれたりする。息子もいつも同じ人（私）と遊んでいて飽きているので、学生と一緒に遊べると本当にうれしそうだ。このように私生活においても学生に助けられることがある。これもキャンパスが近いことの良い点だろうか。

一方で当然、職場が近すぎることによる欠点もある。家の前を、学生や大学の教職員が普通に歩いているほどキャンパスが近いので、一歩家を出ると、どこで学生や他の教職員が自分を見ているか分からない、という緊張感が常にある。キャンパスが近すぎるゆえに、プライバシーがないように感じる時もある。家を一歩出れば、誰がどこで自分を見ているか分からないので、自然と背筋が伸びるが、政治家や議員もこのような気持ちなのだろうか。

家族と外でご飯を食べる時には、キャンパス内のレストランに行くこともあるし、子供と遊ぶ場所もキャンパス内に設置されている公園や散策路が多い。学祭などのイベントには家族全員で参加する。つまり、私の生活・人生が完全に大学と一体化しているのだ。

それでも嫌にならないのは大学という環境がそれだけ魅力的な場所だからだろう。学生が集う大学はいつだって活気にあふれている。大人もわくわくしてしまうような面白い取り組み(例:留学生による異文化交流会、ダンスコンテストなどのサークル活動、研究発表会)を学生がしていたりする。それが大学という環境だ。

眠れない夜には時々窓から外を眺めることがある。深夜2時くらいだろうか。当然そこに見える景色は大学だ。自宅からキャンパスの、特に大学院棟の様子がよく見える。深夜でもいくつかの部屋はまだ明かりがついている。大学院生がまだ研究をしているのだろうか。調査の準備をしているのかもしれないし、データの分析をしているのかもしれない。投稿期限に間に合わせるために必死になって論文を書いているのかもしれない。もしかしたら、仮眠をとっているのかもしれない。頑張っている学生の息遣いが見えるからこそ、この窓から見える景色が好きだ。大学といっても結局「人」なのだと思う。そこで勉強している学生、研究している院生、そして働いている教職員により、大学は成り立っている。

新型コロナウィルスの感染拡大により、大学の意義がこれまで以上に問われている。多くの大学・授業で対面式からオンライン授業に切り替わり、教員も学生も突然慣れない環境で教育を行う／受けることになった。「オンライン授業になり、教育の質が下がった」として、学生から授業料の返済を求める動きも、特に海外の大学では多いと聞く。私の大学の留学生も、母国からオンライン授業を受けている学生が少なからずいる。大学教員には、日々変化してゆく社会に対応する柔軟性や、学生の現状やニーズを理解し、効果的な教育を常に模索する姿勢が求められると、この本で書いたが、図らずもコロナ禍によって、大学教員のあるべき姿勢がこれまで以上に浮き彫りになった。そして、コロナ禍であっても、コロナ禍後であっても、大学教員に求められる姿勢は変わらないだろう。今後日本の大学がどのように変わってゆこうとも、大学が結局は様々な「人」から成り立っているということも変わらないだろう。

この本の目的は端的に言えば、大学教員の仕事のやりがいや魅力を一人でも多くの人に分かってもらうことだ。この本をきっかけに一人でも多くの若者が大学教員、研究者を目指してくれれば著者としては幸せなことである。

ここまで読んでくれた皆さん
ありがとうございました！

あとがきにかえて

私が大学教員・研究者を目指すうえで、ご支援下さった多くの方々にこの場を借りて御礼申し上げます。

特に本書で度々紹介させてもらいました大学院の指導教官であったジャコブソン・スーザン先生（フロリダ大学名誉教授）や、学部の指導教官であった関根政美先生（慶応義塾大学名誉教授）からは、研究者・大学教員というキャリアの素晴らしさを教えて頂き、深く感謝の意を表したいと思います。

また大学院生の頃より今日に至るまで、いつも変わらず温かくご指導下さった松田裕之先生（横浜国立大学教授）及び小堀洋美先生（東京都市大学名誉教授）にも感謝を捧げます。

現在の職場は非常に恵まれた環境で、多数の素晴らしい先生方がいらっしゃいますが、特に上原拓郎先生（立命館大学教授）には研究者として大切な心構えを学ばせて頂き、心から感謝申し上げます。

そして、研究者になることをいつもサポートしてくれた両親、私が思う存分研究・教育ができるように、いつも温かく見守ってくれる妻に心からの謝意を表しておきます。

最後に、本書の出版の機会を頂きました日本橋出版 大島拓哉様に御礼を申し上げます。

著者プロフィール

桜井 良（さくらい りょう）

立命館大学 政策科学部 准教授。慶應義塾大学法学部政治学科を卒業後、ロータリー財団国際親善奨学生として米国フロリダ大学大学院に留学し、自然資源・環境学部、野生生物生態・保護学科で修士号と博士号（Ph. D.）を取得。日本学術振興会特別研究員PD（横浜国立大学）、千葉大学非常勤講師、立命館大学政策科学部助教を経て2017年より現職。京都市環境審議会委員、慶應義塾大学訪問准教授、コーネル大学客員准教授。

主な著書に『Human Dimensions of Wildlife Management in Japan: From Asia to the world』（単著、Springer, 2019）や『SDGsと環境教育：地球資源制約の視座と持続可能な開発目標のための学び』（分担執筆、学文社、2017）などがある。

研究室ウェブサイト：https://sakurairyo.net

イラストレーター　プロフィール

瀬崎 翔平（せざき しょうへい）

デザイン事務所「sezaki design」を運営し、拡張性の高いデザインをコンセプトに様々な媒体に向けたデザインを制作している。

ウェブサイト：https://sezaki-design.com

新装版 大学教員を目指す若者へ　－幸せな教員／研究生活を送るために－

2023年4月24日　第1刷発行

著　者――― 桜井 良
発　行――― 日本橋出版
〒103-0023　東京都中央区日本橋本町 2-3-15
https://nihonbashi-pub.co.jp/
電話／ 03-6273-2638
発　売――― 星雲社（共同出版社・流通責任出版社）
〒112-0005　東京都文京区水道 1-3-30
電話／ 03-3868-3275

ISBN978-4-434-32035-4
定価はカバーに表示してあります。
落丁・乱丁本はお手数ですが小社までお送りください。
送料小社負担にてお取替えさせていただきます。